Tilman Röhrig   Sagen und Legenden von Köln

Tilman Röhrig

Sagen und Legenden von Köln

Illustrationen
von
Gerda Laufenberg

Wienand Verlag Köln

Inhalt

Inhalt

Colonia Claudia Ara Agrippinensium

Menschen, die lachen können,
sind niemals häßlich!

Ubier! Nieder mit den häßlichen Ubiern!" Steine, Lanzen und Pfeile prasselten auf die moosbedeckten Erdhütten. Mit Geheul stürzten die germanischen Angreifer über die kleine Siedlung her, doch sie fanden keinen Angehörigen des verhaßten Stamms, die Ubier hatten sich rechtzeitig im Wald versteckt.

Es war Krieg, nicht nur gestern, nicht nur vorgestern, sondern auch vor mehr als 2000 Jahren, nicht nur der kleine Krieg zwischen den germanischen Stämmen, nein, damals wollten gerade die Römer die Welt beherrschen. Ihre Legionäre marschierten von Rom aus in alle Himmelsrichtungen, auch nach Norden. Sie zogen über die Alpen und unterwarfen ein Volk nach dem anderen. Verzweifelt wehrten sich die mutigen Stämme. Die Schwachen ergaben sich sofort. Wer konnte schon gegen diese schwerbewaffneten Truppen etwas ausrichten? Bald gab es vom Atlantik bis zum linken Ufer des Rheins keine Gegend mehr, in der nicht irgendwo eine römische Standarte aufgepflanzt war.

Nur auf der rechten Seite des Rheins, tief in den Wäldern und zwischen den weiten Sümpfen, lebten kämpferische Stämme der Germanen, die sich nicht so einfach überrennen ließen. Auf freiem Schlachtfeld gewannen die eisenstarrenden Legionäre beinah jeden Kampf, aber im Unterholz der Wälder waren sie zu unbeweglich, fielen in die Sümpfe und versanken jämmerlich.

Trotzdem versuchten es die Römer immer wieder und setzten mit ihren Schiffen über den Rhein. Natürlich nicht an Stellen, wo der Fluß sich reißend zwischen Gebirgen hindurchwälzte. Die Herren der Welt marschierten am linken Ufer entlang, den Rhein abwärts, bis in die Ebene. Hier wurde die Strömung träge und war für die leichten Boote nicht mehr so gefährlich.

Jenseits des Flusses lebte ein kleiner, nicht besonders tapferer Stamm der Germanen. Seine Männer kämpften nur, wenn es unbedingt sein mußte, hörten auf ihre Frauen, jagten im nahen Siebengebirge, bestellten ihre Felder und fischten aus dem grundklaren Wasser des Rheins. Das war den anderen Stämmen verdächtig. Männer, die keine Lust hatten, zu den Waffen zu greifen, waren Schwächlinge, häßliche Feiglinge, denen traute niemand über den Weg! „Übeltäter!" wurden sie beschimpft. „Üble Burschen!" Die Germanenvölker verfluchten sie in ihrer eigenen Sprache: „Ubier! Nieder mit den häßlichen Ubiern!"
Sollte dieses kleine Volk ohne Freunde gegen die Übermacht der Römer ankämpfen? Nur zu gern hörten die Männer wieder auf ihre Frauen und wehrten sich nicht. Sie ließen die Truppen durch ihr Gebiet marschieren, verpflegten sogar die Legionäre und blieben am Leben. Verächtlich schimpften die anderen Germanen: „Die Ubier sind nicht nur häßlich, sie sind gemeine Verräter!"
Die Römer wollten sich für die freundliche Hilfe bedanken. Der mächtige Marcus Agrippa sah ein, daß die Ubier auf der rechten Rheinseite niemals in Frieden leben konnten. Nachdenklich runzelte der große Feldherr die Stirn und betrachtete die Gegend am linken Ufer des Stroms. Bereits vor Jahren waren die kriegerischen Eburonen nach langen blutigen Kämpfen endgültig von den Römern aus diesem Gebiet verjagt worden. Seitdem wohnte dort niemand mehr! Kurz entschlossen schenkte Marcus Agrippa diesen linksrheinischen Landstrich dem kleinen Volk als neue Heimat.
Feldherren machen keine Geschenke ohne Bedingungen! Die erste Forderung war, daß die Ubierfamilien in dieser fruchtbaren Gegend nicht, wie sie es gewohnt waren, ihre Hütten halb in die Erde eingruben. Sie sollten sich ein Beispiel an den feinen Römern nehmen, zusammen an einem Ort wohnen und richtige Häuser aus Holz oder Steinen bauen. Um es schön warm zu haben, durften sie auch in der neuen Siedlung weiter mit ihrem Vieh zusammen unter einem Dach leben. Marcus Agrippa wollte ihnen nicht gleich alle germanischen Sitten austreiben.
Die zweite Forderung war, daß die Ubier sorgsam die Grenze des römischen Reichs bewachen sollten.
„Einverstanden", sagten die Männer, wateten bis zu den Hüften in den Rhein und stachen mit ihren Speeren nach den Fischen.
Der große Feldherr schüttelte bekümmert den Kopf. „Dieser Fluß

ist unsere heißumkämpfte Grenze. Beim Jupiter! Ihr sollt nicht nur fischen, sondern aufpassen, daß kein Germane von der anderen Seite herüberkommt."
Also doch Krieg? Lustlos ließ der Anführer der Ubier die Schultern hängen. Marcus Agrippa war ein kluger und entschlossener Mann.
„Also gut", entschied er, „um den Ort werden starke Befestigungen gebaut mit Türmen und Toren. Ein Teil meiner Truppen bleibt bei euch, hier in der Nähe des Oppidum Ubiorum. Die Legionäre werden mit den Angreifern kämpfen, und ihr werdet die Siedlung gegen die Angreifer verteidigen."
Nur verteidigen! Damit erklärten sich der Anführer und seine Männer einverstanden. Bei dieser Verhandlung waren die Frauen nicht zugelassen worden, ihnen wäre sicher aufgefallen, daß zwischen Verteidigen und Kämpfen kein großer Unterschied besteht.
Marcus Agrippa wollte sich gerade erleichtert auf seinem Feldherrenstuhl ausruhen, als alle Männer des Ubiervolkes die Köpfe hängen ließen.
„Was gibt es denn noch? Große Entscheidungen zu treffen ist nicht einfach. Ich bin müde."
Die Ubier scharrten verlegen mit ihren Fellschuhen im weißen Rheinsand, immer wieder stießen sie ihrem Anführer in die Seite, drängten ihn vor Agrippa hin.
„Was bedrückt dein Volk?"
Zweimal seufzte der Häuptling schwer, dann beugte er sich zu dem römischen Feldherrenohr und flüsterte: „Alle Germanen beschimpfen uns. Sie nennen uns ‚Die häßlichen Ubier'. Sind wir wirklich so häßlich?"
Marcus Agrippa stützte seine Stirn in die Hand. Lange dachte der weise Mann nach. Schließlich befahl er einem Adjudanten, das große silberne Tablett zu holen. Gründlich putzte er es mit dem Saum des Feldherrenumhangs, erhob sich und hielt dem Anführer der Ubier das Tablett wie einen Spiegel hin. „Wen siehst du?"
„Das bin ich", staunte der Häuptling.
„Bist du häßlich?"
Verlegen zuckte der Ubier die Achseln.
„Kannst du auch lachen?" fragte Agrippa.
Vorsichtig grinste der Anführer, sah sein Spiegelbild und mußte lachen, lachte lauter. Die anderen Männer kamen neugierig näher, blickten auch in den silbernen Spiegel, lachten mit, bald juchzten

und glucksten sie. Jeder zeigte mit dem Finger in das Gesicht seines Nachbarn und lachte noch mehr.
Marcus Agrippa schenkte dem Häuptling das blankgeputzte Tablett. „Menschen, die lachen können, sind niemals häßlich. Blickt so oft ihr wollt in den Spiegel, und überzeugt euch selbst."
Begeistert klatschte das kleine Volk und übte das Lachen bis tief in die Nacht.

Römer und Ubier wurden gute Freunde. Längst war der große Feldherr gestorben und seine Tochter Agrippina die Frau des Statthalters Germanicus geworden. Er befehligte die römischen Truppen am Rhein und lebte dort in der schönen Kolonie zusammen mit den Ubiern.
Während dieser Zeit brachte seine Gemahlin eine Tochter zur Welt, stolz nannte sie das Mädchen nach seinem Großvater. Nun gab es zwei Frauen, die diesen Namen trugen, Agrippina, die Ältere und Agrippina, die Jüngere.
Später heiratete die junge Agrippina den römischen Kaiser Claudius und wurde sehr bald die mächtigste Frau im römischen Weltreich. Doch etwas ärgerte sie, sie fand es unwürdig, daß ihr Geburtsort nur irgendeine befestigte Siedlung in der Kolonie war! „Das werde ich ändern!" beschloß sie machtvoll. Im Jahr 50 ließ sie der Festung am Rhein die römischen Stadtrechte verleihen und befahl, sofort eine ordentliche Mauer zu bauen.
Damit allein gab sich die Kaiserin nicht zufrieden. „Ubier! Was für ein häßliches Wort!" schimpfte sie. „In meiner Stadt sollen keine Übeltäter wohnen. Schluß mit den Ubiern. Hoch leben die Agrippinenser!"
Endlich. Der Jubel der dankbaren Bürger kannte keine Grenzen mehr und schallte bis über den Rhein. Verwundert rissen die feindlichen Späher ihre Münder auf. „Agrippinenser", flüsterten sie vor sich hin und überbrachten diese Neuigkeit allen germanischen Völkern auf der rechten Rheinseite.
Wenn Agrippina taufte, dann taufte sie gründlich. „Die Menschen in meiner Heimatstadt sollen an Brunnen sitzen, über geschmückte Plätze spazieren und an mich denken. Also nenne ich meine Kolonie: Colonia Claudia Ara Agrippinensium!" Welch ein stolzer Name für die junge Stadt!
Den einfachen Menschen war er zu umständlich. Wenn später je-

mand gefragt wurde: „Wo wohnst du?“ Dann antwortete er einfach: „In Colonia am Rhein.“
Und heute?
„Wo wohnst du?“
„In Köln.“ Das genügt.

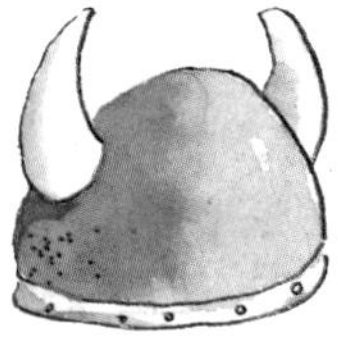

Die Holzfahrt

Beim Jupiter! Meine Legionäre
sind von Frauen besiegt worden!

Längst erstreckte sich das römische Weltreich von einem Horizont zum anderen, vom Sonnenaufgang bis zum Sonnenuntergang. Unaufhörlich wurde es größer, noch riesiger, bis es den Römern über die goldenen Helme gewachsen war.
Ein Weltreich ist so empfindlich wie ein sehr dicker, roter Apfel! Unbemerkt bekommt er da und dort tiefe Druckstellen, und gierig fressen ihn die Maden von innen auf.
Auch im Herzen des römischen Staates fraßen seit einiger Zeit die Würmer: der Habgierwurm, der Neidwurm und der Haßwurm, der schrecklichste aber war der Machtgierwurm. Von der Hauptstadt aus bohrten sich diese Unersättlichen durch alle Länder, und das Weltreich begann zu faulen.
In Rom wurde der Kaiser von seinen Feinden ermordet und gleich ein neuer Kaiser ausgerufen. „Vespasian! Hoch lebe der Imperator Vespasian!" meldeten im Jahre 69 die Kuriere bis in jeden Winkel des Reiches.
„Rom ist weit weg", knurrte ein Feldherr in einer entlegenen Provinz und leckte sich machtgierig die Lippen. „Wir Legionäre sind die wahren Beschützer aller Bürger. Jetzt endlich soll auch einer von uns Kaiser werden." Er überlegte kurz und wählte sich selbst zum Imperator. Seine Soldaten waren einverstanden.
„Rom ist weit weg", überlegte ein zweiter Feldherr in einer anderen Provinz. Mit schönen Worten versprach er seinen Truppen große Reichtümer, wenn sie ihn zum Herrscher ausriefen. Gold und Silber blenden, und blind riefen sie: „Hoch lebe unser Kaiser!"
Die Legionen am Rhein wurden unruhig, sie hörten, daß es neben dem Kaiser Vespasian in Rom bereits zwei weitere Kaiser in den Provinzen gab. „Was die anderen Truppen können, das können wir schon lange!" schimpfte der Kommandant der Legion in Bonn, sprang frühmorgens auf sein Pferd und galoppierte nach Köln.
Mit Fanfarengetöse ließ er seinen Vorgesetzten Vitellius wecken.

Träge räkelte sich der junge Feldherr auf dem breiten Lager, wie so oft hatte er auch am vergangenen Abend mit vornehmen Freunden gefeiert und zuviel von dem honiggesüßten Wein getrunken. Endlich erhob sich Vitellius und schlurfte verkatert nach draußen.
„Hoch lebe unser Kaiser Vitellius!" rief der Bonner Kommandant, und die aufmarschierten Soldaten schlugen begeistert mit ihren Schwertern auf die Schilde. Ehe Vitellius richtig wach war, hatten sie ihm schon einen goldglänzenden Brustpanzer angelegt und ihn auf den schnellsten Streitwagen gestellt. Jetzt begriff Vitellius. „Ich bin Kaiser!" brüllte er und knallte den Pferden die Peitsche über die Kruppen. So jagte er aus der Stadt, die Legionäre folgten ihm. Bald jubelten alle Truppen am Niederrhein dem neuen Imperator zu.
Nur in Köln schüttelten die Bürger ihre Köpfe. Steile Falten standen jedem Agrippinenser auf der Stirn, sie dachten nach. Bis jetzt war es immer so, daß der Kaiser weit weg in Rom lebte. Ob er nun Nero oder Vespasian hieß, das war ihnen egal. Hier in Köln mußten die Menschen nur den neuen Namen behalten, sonst änderte sich nichts. Kaiser blieb Kaiser.
Diesen Vitellius kannten sie genau. Sie wußten, wie jähzornig er die Sklaven prügelte und daß er täglich betrunken bei seinen Freßgelagen herumlag. Gut, die Römer lagen während des Essens und Trinkens, daran hatten sich die Agrippinenser gewöhnt. Vor diesem jungen Feldherrn aber konnten sie keine Achtung haben. Der sollte jetzt ihr Kaiser sein? Wer Sklaven schlug, der behandelte auch seine Untertanen schlecht. Sicher plante Vitellius auch noch, Köln zu seiner Hauptstadt zu machen, dann hätten die Einwohner jeden Tag unter ihm zu leiden! Nein, ein Imperator gehörte nach Rom, schön weit weg. Dort konnte er regieren, wie er wollte, das störte die Ordnung hier in ihrer geliebten Stadt nicht. Sie fragten die pensionierten Legionäre, die nach der Dienstzeit mit ihren Familien in Köln geblieben waren: „Was haltet ihr von dem Vitellius?"
Auch die kriegserfahrenen Männer schüttelten die Köpfe. Marsilius, der klügste von ihnen, warnte sogar: „Das ist Meuterei! Kaiser Vespasian wird an Vitellius und den Legionen am Niederrhein furchtbare Rache nehmen. Er wird keinen Ort verschonen, der sich gegen ihn auflehnt!"
Auch das noch! Schnell waren sich alle Bürger in Köln einig. „Für uns gibt es nur einen Kaiser, und der heißt Vespasian! Ihm halten wir die Treue!"

Kaum hörte Vitellius, daß die Agrippinenser ihn nicht als Imperator anerkennen wollten, da durchschlug er mit einem einzigen Schwerthieb den Stamm eines kleinen Apfelbaums. „So werde ich alle Kölner töten!" Er wartete ungeduldig bis zum nächsten Frühling, denn kein Römer kämpfte gern im Winter.

Eines Mittags stießen die Wächter auf den Türmen der Kölner Stadtmauer in ihre Fanfaren. „Alarm! Alarm!" Die schreckliche Meldung eilte von Mund zu Mund. „Vitellius kommt! Schwerbewaffnete Truppen nähern sich der Stadt. Vitellius kommt!"
Hilflos rannten die Bürger durcheinander, die Mütter suchten ihre Kinder, brachten sie in die Häuser, und die Männer verschlossen die Türen.
„Wenn ihr euch verkriecht, werden wir alle umgebracht!" Die Stimme des Marsilius donnerte durch die leeren Straßen und Gassen. „Wir müssen die Stadt verteidigen! Habt Vertrauen, gemeinsam werden wir standhalten!"
Zaghaft verließen die Männer wieder ihre Wohnungen und versammelten sich auf dem großen Marktplatz. Marsilius hatte sein blankes Schwert umgeschnallt und den Helm aufgesetzt. So sah er wie ein tapferer Held aus, und die Bürger ernannten ihn zu ihrem Statthalter. Auf seinen Befehl hin wurden die Vorratsräume gefüllt und Waffen ausgegeben. Jeder Mann mußte an der breiten Stadtmauer seinen Posten beziehen, selbst der Bürgermeister.
In sicherer Entfernung und zwischen den kleinen Wäldern auf freiem Feld bauten die feindlichen Truppen ihre Zelte. So weit das Auge sehen konnte, standen bald die spitzen Dächer rund um Köln. Kaum graute der nächste Morgen, als die Legionäre, Schild an Schild, auf die Stadttore vorrückten.
Mit weitgeöffneten Augen sahen die Agrippinenser, wie im Schutz der ersten Reihen große Rammböcke herangeschleppt wurden.
„Zündet Feuer an!" befahl Marsilius, und gleich loderten rundum oben auf der Stadtmauer die Holzstöße. Noch näher marschierten die Truppen, die Rammböcke wurden in Stellung gebracht.
Auf ein Signal hin stießen die Bürger ölgetränkte Pfeile in die Flammen und schossen sie mit brennenden Spitzen auf die Angreifer. Gleich darauf schleuderten sie Feuerspeere, dann warfen sie lodernde Äste in die feindlichen Reihen. Getroffen schrien viele Legionäre auf, den anderen stieg der beißende Qualm in die Augen.

„Rückzug!" befahl Vitellius, und hastig flohen die Belagerer bis zu ihren Zelten, hier waren sie vor den brennenden Geschossen in Sicherheit.
„Sieg!" jubelten die Bürger und warfen ihre Waffen in die Luft. „Wir haben die Angreifer in die Flucht geschlagen!" Die Kinder durften wieder auf den Straßen spielen, und die Erwachsenen zogen gemeinsam auf den Marktplatz, sie wollten den großen Sieg gebührend feiern.
Zornig sprang Marsilius auf einen Karren, zückte das Schwert und schwang es über seinem Helm, ängstlich duckten sich die Agrippinenser.
„Ihr versteht nichts vom Krieg! Die Gefahr ist noch lange nicht vorüber!" schimpfte der erfahrene Statthalter. „Glaubt ihr denn, die Belagerer ziehen einfach ab? Immer wieder werden sie versuchen, Köln zu erobern. Wir müssen wachsam sein."
Alle Siegesfreude war verflogen, einige Männer setzten sich mutlos auf den Boden.
„Habt keine Angst!" rief ihnen Marsilius zu. „Unsere Vorratsspeicher sind bis unter die Luken gefüllt. Niemand von uns wird verhungern. Mit unseren Brandpfeilen können wir die Stadt verteidigen." Von jetzt an sollten die großen Feuer Tag und Nacht auf der Stadtmauer brennen. „So sind wir jederzeit bereit, einen Angriff abzuwehren!"
Der kluge Marsilius behielt recht. So oft auch die Legionäre gegen die Mauern anstürmten, sie wurden durch die Brandgeschosse zurückgetrieben.
Doch nach drei Wochen flackerten nur noch kümmerliche Feuer auf der dicken Mauer. „Wir haben kein Holz mehr", meldeten die Wachposten dem Statthalter.
Marsilius rieb sich die Stirn und berief eine Versammlung ein. „Solange unsere Holzstöße brennen und die Flammen die Nacht erhellen, können wir die Angreifer rechtzeitig sehen und uns verteidigen. Sobald die Flammen ausgehen, werden uns die Legionäre in der Dunkelheit überfallen und die Stadt zerstören. Vitellius wird uns alle töten!"
Betroffen schwiegen die Agrippinenser. In die Stille hinein rief Claudia, die Frau des Bürgermeisters: „Steht nicht rum! Bringt eure Sitzklötze und Tische zur Stadtmauer, auch die Webrahmen und Eimer. Wir verbrennen alles, was aus Holz ist." Mit Schwung warf

sie ihre langen Haare nach hinten. „Niemand darf unsere schöne Stadt zerstören!"
Hoffnungsvoll schleppten die Einwohner den Hausrat heran, brachen sogar Holzschuppen ab, und hell loderten wieder die Wachtfeuer.
Doch nach einer Woche war auch dieses Holz verbrannt, der Vorrat reichte gerade noch für eine Nacht.
Die Kinder hörten auf zu spielen und hockten still in den Stuben, niemand mehr in Köln wagte zu lachen.
„Ich habe einen Plan", sagte Marsilius auf der Versammlung. „Im Wäldchen vor dem Weyertor gibt es Holz genug. Das holen wir uns."
Entsetzt wehrten die Bürger ab. „Die Legionäre entdecken uns sofort und schlagen uns die Köpfe ab, ehe wir genug Holz geschlagen haben!"
„Das ist ein Teil meines Plans." Marsilius meinte es ernst.
„Du willst uns Vitellius ausliefern, um dein eigenes Leben zu retten. Du bist ein Verräter!" Die Agrippinenser drohten ihm mit den Fäusten.
Nur Claudia hielt noch zu dem Statthalter. Sie trat ihrem Mann so heftig gegen das Schienbein, daß er laut aufbrüllte. Erschreckt drehten sich alle nach dem Bürgermeister um und schwiegen. In Kriegszeiten fürchtet sich jeder vor lautem Schmerzgeschrei. Diesen Augenblick nutzte Claudia. „Ich vertraue Marsilius. Laßt ihn ausreden. Bis heute hat er uns beschützt, er wird uns auch jetzt nicht im Stich lassen."
Endlich konnte Marsilius den Kölnern ausführlich seinen ganzen Plan erklären.
Ganz früh am nächsten Morgen öffnete sich an der Westseite der Mauer das Weyertor, und zehn Pferdekarren rumpelten heraus. Auf den Ladeflächen standen vermummte Gestalten mit Helmen, Schwertern und Äxten, andere marschierten zu Fuß nebenher. Ihre Gesichter waren rußgeschwärzt. Langsam bewegte sich der Zug auf das nahe Wäldchen zu.
Erst trauten die Belagerer ihren Augen nicht, doch dann begriffen sie. „Die Kölner machen einen Ausfall. Sie wollen Holz schlagen!"
Befehle gellten. „Auf sie! Nieder mit ihnen!" Und schon stürmte die gesamte Streitmacht des Vitellius zu dem kleinen Wald. Siegessicher grölten die Legionäre.

Der schwerbewaffnete Zug war bereits zwischen den Bäumen und Büschen verschwunden. Vor dem Wäldchen stellten sich die Legionäre zur Schlachtordnung auf, sie konnten es kaum erwarten, bis Vitellius das Zeichen zum Angriff gab. Endlich. „Tötet sie!" Mit den Schwertspitzen voran stürzten die Männer los.
In diesem Moment öffnete sich hinter ihnen das zweite westliche Tor der Stadt. Waffenstarrende Kämpfer stürmten heraus und fielen den Legionären in den Rücken. Todwund sanken die ersten Römer zu Boden.
Im dichten Unterholz des Wäldchens verklemmten sich die Schilde der Legionäre. Längst waren die vermummten Gestalten von den Karren gesprungen, hatten sich verteilt und stachen jetzt auf die hilflosen Feinde ein. Das Schreien und Jammern der Verwundeten war gräßlich. Verzweifelt versuchten sich die Legionäre zu befreien, rannten zurück, fielen übereinander, warfen die Waffen weg und flohen.
Vitellius sah, daß seine Streitmacht eingekesselt war. „So viele Kölner gibt es doch gar nicht!" rief er fassungslos. „Oh, Jupiter! Sie können sich doch nicht verdoppeln!"
Gegen Mittag war der Kampf entschieden. Zwischen dem kleinen Wald und der Stadtmauer lagen die getöteten Legionäre. Vitellius und seine Hauptleute wurden als Gefangene durch das Weyertor in die Stadt geführt und auf dem Marktplatz aneinandergefesselt.

Verzweifelt rief Vitellius nach dem Statthalter. „Sag mir eins, Marsilius. Wo hast du diese riesige Armee her? So viele Männer gibt es in Köln doch gar nicht."
„Du hast recht." Marsilius lächelte und gab mit der Hand ein Zeichen. Mehr als die Hälfte der versammelten Krieger nahm die Helme ab, dicke eingerollte Haarzöpfe kamen zum Vorschein, die Gestalten wischten sich den Ruß aus den Gesichtern.
„Das sind ja Frauen! Du hast mich überlistet", stöhnte Vitellius. „Beim Jupiter! Meine Legionäre sind von Frauen besiegt worden. Ich schäme mich."
Die Agrippinenser lachten den Kaiser aus. „In höchster Not verteidigen alle Kölner ihre Stadt. Egal, ob es Männer oder Frauen sind!"
Sie verurteilten Vitellius zum Tode durch das Schwert. Sein Kopf sollte abgeschlagen werden, genauso, wie er es allen Bürgern ange-

droht hatte. An Ort und Stelle wurde der Blutteppich ausgebreitet, und der Kaiser mußte niederknien.
„Gnade! Gnade!" wimmerte er. „Tötet mich nicht! Laßt mich leben!"
Vitellius bot den Kölnern seinen kostbaren Goldschatz an, wenn sie ihn verschonten. Alles wollte er ihnen geben, was sie nur haben wollten.
Marsilius beriet sich mit dem Bürgermeister. „Wir haben gesiegt. Unsere Stadt ist befreit, mehr wollten wir nicht. Warum sollen wir jetzt noch die Gefangenen töten? Uns macht der Krieg keinen Spaß. Wir sind doch keine Feldherren!"
Der Bürgermeister gab Marsilius recht. „Gut. Wir nehmen seine Schätze und lassen ihn laufen", entschied er.
„Halt! Du Trottel!" schimpfte Claudia und stieß ihren Mann in eine verschwiegene Ecke. Hier sprach sie heftig auf ihn ein, schüttelte ihn und sprach weiter. Endlich durfte er wieder zu den Wartenden zurück. Wie ein kluger Bürgermeister verkündete er: „Bevor wir dem Gefangenen das Leben schenken, muß er uns noch das Wichtigste geben, was eine Stadt braucht!"
Er ließ einen Schreibkundigen holen, der mußte oben auf einer Pergamentrolle in großen Buchstaben STADTFREIHEIT schreiben und gleich darunter an den linken Rand A:
darunter B:
und immer weiter so, bis zum Z:
„Was soll hinter den Doppelpunkten stehen?" fragte der Schreiber.
Verlegen hob der Bürgermeister die Schultern. Claudia rieb sich die Hände. „Das werden wir uns gut überlegen und später ausfüllen."
„So ist es", sagte ihr Mann.
Vitellius mußte sein Siegel und den Namen unter das Z setzen. Daraufhin durfte er mit seinen Hauptleuten zu Fuß die Stadt verlassen.
Neben das A schrieben die Agrippinenser: „Die wichtigsten Menschen in Köln sind die Bürger."
Zu Ehren ihres Marsilius gaben sie ein prächtiges Fest, sie versprachen, ihn nie zu vergessen und gelobten, den Tag ihrer Rettung jedes Jahr im Frühling zu feiern.
Die Kölner überlegten sich ihre Freiheiten gut, und nach und nach füllte sich die Pergamentrolle. Jeder Satz wurde gleich ein Gesetz, denn ein Kaiser hatte unterschrieben, wenn er auch ein Imperator war, der im römischen Weltreich bald schon nichts mehr zu sagen hatte.
Doch hier war Köln – und Rom lag so weit weg.

MATERNUS

Maternus

Habt keine Angst!
Wir bringen den Frieden!

Nach dem Osterwunder stärkte der Auferstandene noch vierzig Tage lang den Glaubensmut seiner Jünger, erst dann kehrte er zu unserem Vater in den Himmel zurück. Wenige Tage später befahl Gott den zwölf Aposteln, in die Welt hinauszuziehen, um die Menschen zu bekehren.
So wagte sich Petrus unerschrocken in die Hauptstadt der Römer. Er hatte vor, die christliche Botschaft mitten in das heidnische Herz des Weltreichs einzupflanzen. Von hier aus sollte sich der Glaube, wie ein Baum seine Äste, über alle Länder ausbreiten.
Die Römer verfolgten die ersten Christen mit blindem Haß, grausam wurden sie gequält und hingerichtet. Erst nach leidvollen Jahren fanden die Wurzeln des Glaubens zwischen den Tempeln der heidnischen Götter guten Boden, und die christliche Gemeinde wurde größer. Trotz vieler Anfeindungen konnte der junge Baum jetzt in der Hauptstadt wachsen.

Petrus wünschte, daß er seine Äste auch über die Alpen hinwegstrecken sollte. Für diese schwere Aufgabe wählte er drei Männer aus, den starken Eucharius, den mutigen Valerius und Maternus, der war jung, nicht kräftig, nicht besonders tapfer, aber Maternus besaß eine wundervolle Stimme. Wenn er sang, verstummten die Nachtigallen und lauschten, wenn er von Gott erzählte, hörten die Menschen auf, sich zu bekämpfen und wurden sanftmütig.
Diese drei Jünger machten sich auf den Weg. Lange dauerte der mühsame Fußmarsch durch die Berge, und schon im Elsaß war Maternus zu Tode erschöpft und starb. Unter vielen Tränen begruben Eucharius und Valerius den Freund und kehrten nach Rom zurück.
Was nutzten Stärke und Mut, wenn die Stimme fehlte? Ratlos standen sie vor Petrus. Der große Apostel schenkte ihnen seinen Hirten-

stab. „Geht wieder zum Grab des Maternus. Berührt den Leichnam mit diesem Stab. Gott läßt uns nicht im Stich."

Voll neuer Hoffnung wanderten Eucharius und Valerius noch einmal über die Alpen. Aus der ganzen Gegend liefen die heidnischen Bewohner zusammen, Frauen, Männer und Kinder. Neugierig versammelten sich alle auf dem Friedhof. Mit bloßen Händen öffneten die beiden Jünger das Grab, hoben den Leichnam heraus und legten ihn auf eine Wiese voller wilder Blumen.
Kaum erblickten die Heiden den Toten, als sie erschreckt zurückwichen. Genau vierzig Tage waren vergangen, seit die Fremden ihren Freund beerdigt hatten. Vierzig Tage, und doch war der Körper noch unversehrt! Laut beteten Valerius und Eucharius zu Gott und berührten den Toten mit dem Hirtenstab des Apostels. Im selben Moment öffnete Maternus die Augen, langsam setzte er sich auf. „Ich habe in der Arche geschlafen. Das Schiff schwamm auf der Sintflut. Am vierzigsten Tag öffnete Noah die Luke und schickte eine Taube aus", sagte er und lächelte seine Freunde an.
Die Bewohner der Gegend warfen sich auf den Boden und wimmerten, sie fürchteten sich vor diesem Gott, der sogar die Toten auferwecken konnte. Ohne zu zögern pflückte Maternus einen Strauß der wilden Blumen und schenkte ihn einem kleinen Mädchen. „Habt keine Angst", rief er den anderen zu. „Wir bringen den Frieden!" Dann sang er, und seine Stimme klang so hoffnungsvoll, daß alle ihn verstanden, ihre Furcht verloren und sich taufen ließen.
Eucharius, Valerius und Maternus zogen weiter nach Trier. Unermüdlich predigten sie und bekehrten die Bürger der Stadt. Voll Zorn mußten der römische Statthalter und seine Hauptleute mit ansehen, wie in Trier eine große Gemeinde entstand und Eucharius zum Bischof geweiht wurde. Sie fürchteten sich vor den Christen und wagten nicht, sie anzurühren.
Mit Demut erfüllten Eucharius und Valerius ihr Lebenswerk und starben, während einer großen Messe wurden sie in der Grabkammer ihrer Kirche nebeneinandergelegt.

Maternus ruhte nicht. Er wanderte zum Rhein und predigte das Wort Gottes in allen Orten, die entlang des Ufers lagen. Von den Agrippinensern wurde er freudig in Köln aufgenommen, und gemeinsam bauten sie die erste Kirche, gleich neben den Tempeln der römischen Götter. Erst als Maternus auch am unteren Rhein, in der Stadt Tongern, eine Gemeinde gegründet hatte, kehrte er nach Köln zurück. Für jeden Tag, den er im Grab gelegen hatte, schenkte ihm Gott ein ganzes Jahr, und vierzig Jahre lang sorgte er als Bischof wie ein guter Hirte für die Gläubigen in Trier, Köln und in Tongern.

Am ersten Tag nach den vierzig Jahren feierte er noch einmal die Messe. Kaum hatte er den letzten Ton gesungen, als er vor dem Altar niedersank und starb.

Die Agrippinenser bahrten ihn im Kirchenschiff auf. Sie trauerten. Von Tongern und Trier reisten die Ältesten und Stadträte nach Köln, knieten sich um den Leichnam und beteten. Mit verweinten Augen sagte der Gemeindevorsteher von Köln: „Morgen werden wir unseren Bischof in die Grabkammer legen."

Die Abgesandten der beiden anderen Städte hoben die Köpfe. „Maternus war der Bischof von Trier."

„In Tongern war er Bischof."

Gleichzeitig riefen sie:„ Er wird in unserer Stadt beerdigt!"

Die Agrippinenser drängten sich zusammen. „Hier hat er gelebt, und hier ist er gestorben. Der Bischof wird in Köln begraben!"

„Diebe!"

„Räuber!"

Dem Kölner Gemeindevorsteher stieg das Blut ins Gesicht. „Hergelaufenes Gesindel! Wir geben den Maternus nicht wieder her!"

Ohne Rücksicht auf den Toten beschimpften sich die Trauergäste, schließlich ballten sie die Fäuste und gingen aufeinander los. In ihrer Mitte lag der Bischof, sein Gesicht lächelte friedvoll.

Wie Streithähne standen sich die Abgeordneten gegenüber, jeder holte zum ersten Schlag aus.

Mit einem Knall zersplitterte das Portal der Kirche, ein Wirbelwind heulte durch den Innenraum, alle Fackeln verloschen, die Männer wurden auseinandergerissen und an die Wände geschleudert. Grelles Licht blendete von der Stelle her, an der Maternus lag. Schützend schlugen die Stadträte ihre Hände vor die Augen.

„Ihr wollt Christen sein?" fragte eine dunkle Stimme, und das Licht wurde milder.

Vorsichtig ließen die Männer ihre Arme sinken. Neben dem Toten stand ein alter Mann. Die weißen Haare fielen ihm bis auf die Schultern, in seinem langen Bart glitzerten silbrige Strähnen. Aus seinen

Augen funkelte das Licht. „Einigkeit und Frieden hat euch Maternus gelehrt. Und was macht ihr?"
Jeder Bürgermeister wollte etwas erklären, aber sie brachten kein Wort heraus, konnten nur die Münder bewegen.
„Solange ich bei euch bin, seid ihr stumm! Gott will selbst entscheiden, wo Maternus seine letzte Ruhe finden soll. Legt den Leichnam in ein kleines Boot, ohne Ruder, ohne Segel. Laßt es auf dem Rhein treiben. Die Vorsehung wird die Richtung bestimmen, und in dieser Stadt darf Maternus begraben werden."
Das Licht in den Augen des alten Mannes strahlte wieder so hell, daß die Männer sich abwenden mußten. Dann war es dunkel in dem Raum.
Die ganze Nacht hindurch beteten die Ältesten aus Tongern um den Leichnam, flehten die Kölner, daß der Kahn noch innerhalb des Stadtgebiets wieder ans Ufer getrieben werde. Die Gläubigen aus Trier waren verzagt, denn ihre Stadt lag den Strom aufwärts. Sie hatten kaum noch Hoffnung, doch hörten sie nicht auf zu bitten.
Nach einer gemeinsamen Messe legten sie am nächsten Tag ihren geliebten Bischof in das Boot und stießen es vom Ufer ab. Sofort erfaßte die Strömung den Kahn und trieb ihn bis in die Mitte des Rheins. Dort schwankte er, drehte sich, begann in dem blauklaren Wasser zu treiseln. Die Flußwirbel hielten das Boot auf der gleichen Stelle!
Am Ufer schwiegen die Menschen, starrten nur gebannt.
Da hoben sich kleine Wellen, wurden größer, sie bewegten sich auf den Kahn zu. Gischt sprühte, und mächtige Fische wälzten sich aus dem Wasser, tauchten wieder ein, schwammen von allen Seiten näher und näher. Wie im Übermut sprangen riesige Salme über das Boot, hin und her. Jetzt glättete sich das Wasser, der Kahn hörte auf zu treiseln, lag unbeweglich. Stille.
„Er bleibt bei uns", flüsterte der Gemeindevorsteher von Köln.
Da setzte sich das Boot langsam in Bewegung, nicht auf das Ufer zu, nicht stromabwärts. Es glitt den Rhein hinauf!
Im grundhellen Wasser beobachteten die Gläubigen unzählige Salme, Störe und Hechte. Vereint schoben die Fische den Kahn gegen die Strömung, an der Stadtbefestigung vorbei. Die Menschenmenge begleitete schweigend die Fahrt des kleinen Schiffs. Nach einer Stunde brachten die Fische den Toten ans Ufer, stießen das Boot fest zwischen die Steine.

Gott hatte entschieden. Die Ältesten aus Tongern fügten sich und kehrten still in ihre Stadt zurück. Mit Jubel fielen die Gläubigen aus Trier auf die Knie und dankten. Sie führten den Leichnam des Maternus nach Hause und begruben ihn neben Eucharius und Valerius. Es war das Jahr 130 nach Christi Geburt.
Voll Trauer bauten die Kölner an der Uferstelle, an der das Boot gelandet war, eine Kapelle. Sie dachten an ihren ersten Bischof, schluchzten, weinten, jammerten. Es war ein großes „Rouwen", und so nannten sie das kleine Gotteshaus: Rouwenkirche. Vierzig Jahre lang sangen nur die Nachtigallen ihr glückliches Lied für Maternus, später entstand ein Dorf um die Kapelle, und die Menschen hörten auf zu trauern. Heute spielen Kinder in Rodenkirchen.

Gereon

Wir beten keine Menschen an.

Zwei starke Kaiser teilten sich die Herrschaft über das Römische Reich. Diokletian regierte die östliche Hälfte und Maximian den westlichen Teil. Gemeinsam säuberten sie die heruntergekommenen Paläste, kehrten faule Beamte, Betrüger, Schwätzer und Wichtigtuer einfach auf die Straße. Sie erdachten strenge Gesetze, und ihre Legionäre erhielten den Auftrag, mit blanken Schwertern darauf zu achten, daß die neuen Vorschriften in allen Ländern auch befolgt wurden. So gelang es diesen Imperatoren, das längst schon bröckelige Weltreich wieder aufzurichten.
Von Jahr zu Jahr wuchs die Macht der beiden Kaiser, und an ihren Höfen blendeten Pracht und Glanz. Schließlich genügten ihnen Gold, Schiffe, Paläste und Länder nicht mehr. Nur allein die äußere Gewalt über ihre Untertanen war ihnen zu wenig, sie wollten auch die Herzen aller Menschen beherrschen. Während eines großen Festes erhoben sich Diokletian und Maximian selbst zu Göttern. Von dieser Stunde an mußten die Menschen vor ihren Standbildern beten und Opfer darbringen.
Alle fügten sich, bis auf die Christen. In der Bibel steht: „Es gibt nur einen Gott und keine Götter neben mir!" Also weigerten sich die Gläubigen in Rom und überall im Land, vor den Statuen der Kaiser auf die Knie zu fallen.
Widerspruch oder gar Auflehnung duldeten die beiden Gewalthaber nicht, denn Machtgier kennt keine Grenzen. Dieser Christengott störte das Bild ihrer selbstgeschaffenen Herrlichkeit, also mußte er verschwinden. In den Städten wurden die Kirchen der kleinen Gemeinden geschlossen, viele zerstört. „Wer zu dem Christengott betet, wird verhaftet und hingerichtet!" Im ganzen Reich setzte eine erbarmungslose Hetzjagd auf die Gläubigen ein.

Um die Christen in den Ländern jenseits der Alpen zu vernichten, schickte Diokletian seinem Mitkaiser Maximian eine Speziallegion. Diese Männer stammten aus Oberägypten, aus der Gegend um Theben. Auf jedem Schlachtfeld war diese Legion gefürchtet, diese Kämpfer waren schnell mit dem Schwert, und nie verloren sie ihren Mut.

Maximian ließ die Thebäer sofort in die Schweiz marschieren. Hier, in seinem großen Militärlager, teilte er die Legion auf. Die Hauptmacht sollte zunächst einmal am Rand der Alpen abwarten. Einen Sondertrupp schickte er nach Trier, einen nach Xanten, einen nach Bonn, und Hauptmann Gereon mußte mit seinen 318 Männern nach Köln weiterziehen.

Gleich, nachdem die Kohorte im Lager vor der Stadt angelangt war, meldete sich Gereon bei dem Unterfeldherrn Rictius. „Die Thebäer sind zur Stelle."

„Nimm Haltung an!" brüllte Rictius. Gehorsam riß Gereon den Helm herunter und stand unbeweglich. Vom langen Marsch verschwitzt, klebten die schwarzen Haare am Kopf, sein Gesicht war staubverschmiert, er sah müde aus, doch seine braunen Augen glühten.

„Bist du ein Neger?" Verächtlich tippte ihm Rictius auf die Brust.

„Nein, Herr. Unser Theben liegt in Oberägypten." Gereon sprach mit ruhiger Stimme.

„Also nicht schwarz und nicht weiß, irgend etwas dazwischen! Du und deine Männer, ihr wollt so besonders tapfer sein? Nachdem, was mir aus dem Hauptlager und aus den anderen Stützpunkten im Norden des Reiches über euch zu Ohren gekommen ist, kann ich mir das nicht vorstellen!" Rictius blähte die Nasenflügel und sog die Luft langsam in sich hinein.

„Was erzählt wird, weiß ich nicht, Herr. Aber der Mut eines Menschen hat nichts mit seiner Hautfarbe zu tun."

„Niemand hat dir erlaubt zu sprechen!" brüllte der Unterfeldherr. „Hier in Köln habe nur ich etwas zu sagen, hier bin ich die Stimme unseres Gott und Kaisers Maximian. Morgen nachmittag werde ich euch seinen Befehl mitteilen. Bis dahin, weg mit dir! Verschwinde aus meinen Augen!"

Benommen verließ Gereon das Zelt. Er verstand den Zorn des Unterfeldherrn nicht, aber ein guter Legionär hatte seinem Vorgesetzten zu gehorchen.

Am nächsten Tag war noch genügend Zeit bis zum Befehlsappell,

und Gereon schlenderte zusammen mit Kameraden durch eins der westlichen Tore in die Stadt. Mißtrauisch wurden sie von den Bürgern beobachtet, einige drehten sich sogar ab oder verschwanden eilig in einer Nebengasse. Kinder folgten den Soldaten in vorsichtigem Abstand: Blieben der Hauptmann und seine Männer stehen, stockten die Kinder sofort und warteten.
Gereon winkte zu ihnen hinüber. „Wo gibt es hier denn eine Kirche?"
Entsetzt schrien die Kinder auf und rannten weg, selbst Erwachsene, die in der Nähe gestanden hatten, flohen davon.
Mit ernstem Gesicht blickte ihnen Gereon nach. „Sie haben Angst vor uns. Warum? Vielleicht nur, weil wir anders aussehen? Vielleicht." Er seufzte und legte die Arme auf die Schultern seiner engsten Freunde. „Kommt weiter. Wir wollen sie nicht unnötig erschrecken."
Endlich entdeckten sie zwischen den vielen Göttertempeln auch eine Kirche. Doch das Dach war eingestürzt, das Portal war mit Querbalken verriegelt. „Dann werden wir hier draußen vor dem Eingang beten!" Gereon kniete sich mit seinen Männern mitten auf dem Kirchplatz nieder. Sie sangen ein Loblied und beteten gemeinsam. Als sie die Augen wieder aufschlugen, waren sie umringt von Kölner Bürgern. Angst stand in den Blicken, einige weinten.
„Sagt mir doch, was euch bedrückt?" Lächelnd erhob sich Gereon und ging mit geöffneten Händen auf die Menschen zu. Sofort wichen alle ein Stück zurück. „Du bist ein Heuchler!" Die Stimme kam aus der Menge. „Heute betest du, und morgen wirst du die Christen von Köln jagen und sie umbringen! Du willst unsere Gemeinde zerschlagen!"
Die Legionäre sprangen auf und umringten ihren Hauptmann. Das geschah so schnell, daß die Bürger erschreckt über den Platz davonliefen. „Wartet!" befahl Gereon, und seine Augen brannten. „Wir Thebäer sind selbst Christen!"
„Heuchler! Heuchler!" Eine Stimme, doch sie hatte für alle gesprochen.
„Habt doch Vertrauen zu uns!"
Die Menschen senkten den Blick zu Boden und gingen mutlos davon.
Nur ein schmächtiger Junge blieb auf dem Kirchplatz zurück. Die Ohren standen ihm ab, sie waren etwas größer als die Ohren ande-

rer Jungen. Schnell bückte er sich, griff nach einem Stein und holte zum Wurf aus. „Ich will nicht sterben, meine Schwester auch nicht", sagte er.
„Wirf nicht!" bat ihn Gereon. „Warum hast du Angst?"
Der Junge hielt seinen Arm weit nach hinten gereckt. „Weil ich an Gott glaube." Seine Stimme klang hell über den Platz. „Jeder weiß, daß du gekommen bist, um die Christen zu töten."
Gereon schüttelte heftig den Kopf. „Ich kenne meinen Befehl noch nicht. Aber ich schwöre dir: Kein thebäischer Legionär wird einen Menschen erschlagen, nur weil der ein Christ ist."
Mit erhobenem Stein ging der Junge auf den Hauptmann zu. Gereon bewegte sich nicht. Kurz vor ihm blieb der Kleine stehen, hob den Kopf, stellte sich auf die Zehenspitzen, unzufrieden. „Bück dich runter." Jetzt konnte er dem Thebäer in die Augen sehen. Lange blickten sich die beiden an. Mit einem Mal ließ der Junge die Hand sinken, seine Ohren leuchteten rot. Er reichte Gereon den Stein hin. „Ich schenke ihn dir. Ich sag es meiner Schwester, daß sie keine Angst mehr haben muß."
Gereon nahm das Geschenk, der Junge zwinkerte ihm zu und hüpfte davon.
Voller Unruhe kehrten die Thebäer in das Lager zurück und warteten, bis endlich die Signalhörner alle Legionäre auf den rechteckigen Standartenplatz riefen.
Auch in der Stadt hatten die Menschen das Signal gehört. Hastig stiegen die Agrippinenser auf die breite Stadtmauer, von hier aus wollten sie verfolgen, was außerhalb der Stadt im Lager geschah.
Unterfeldherr Rictius trug den goldglänzenden Brustpanzer und einen prächtigen Umhang, so stellte er sich neben das Standbild des Kaisers Maximian und ließ die thebäische Kohorte vortreten. „Ihr seid ausgewählt, das Christengesindel in der Stadt Köln auszurotten!"
Oben auf der Mauer brachen die Menschen, Christen und Nichtchristen, in lautes Weinen aus. Gereon sah hinauf. Ganz vorn stand der kleine Junge. Mit der linken Hand winkte er dem Hauptmann zu, mit der anderen hielt er die Hand einer jungen Frau fest. Sie war schlank, und der Wind trieb ihr das Haar nach hinten.
„Ihr braucht keine Angst zu haben", flüsterte Gereon und trat zwei Schritte vor. „Wir Thebäer sind dem Kaiser treuergebene Legionäre! Aber wir sind auch Christen, und keiner von uns wird diesen Befehl ausführen!"

Alle Kölner Bürger schwiegen, die Thebäer standen unbeweglich, ein Raunen lief durch die Reihen der anderen Einheiten. Rictius zog sein Kurzschwert, legte es vor dem Standbild des Kaisers auf den Boden und stemmte die Hände in die Hüften. „Beweist, daß ihr dem Kaiser treu ergeben seid! Fallt auf die Knie, und betet zu unserem göttlichen Maximian!"
Ruhig richtete sich Gereon auf, so gerade wie eine Säule. Seine Männer folgten dem Beispiel des Freundes.
„Wir beten keine Menschen an!"
In wenigen Schritten stand Rictius vor dem Hauptmann, grinste gefährlich und spuckte ihm ins Gesicht. „Wenn ihr nicht gehorcht, ergeht es euch wie den anderen Thebäern."
„Was ist mit meinen Brüdern, Herr?" fragte Gereon mit rauher Stimme.
„Sie sind alle tot." Rictius ließ seine Finger schnippen. „Nur weil sie diesem ärmlichen Christengott die Treue hielten."
Voller Schmerz schloß der Hauptmann die Augen.
„Auf die Knie mit euch! Oder ich lasse jedem zehnten Mann deiner Kohorte den Kopf abschlagen."
Noch mit gesenkten Lidern antwortete Gereon: „Keiner von uns wird ein Götzenbild verehren." Jetzt blickte er den Unterfeldherrn an. „Niemals!"
Rictius brüllte seine Befehle. Schon standen die Wachmannschaften hinter den beiden Reihen der Thebäer. „Zum letzten Mal: Auf die Knie!"
Laut stimmte Gereon ein Loblied an, und seine Kameraden fielen mit ein. Über den Gesang hinweg schrie der Unterfeldherr: „Zückt die Schwerter!"
Jedem Zehnten rissen sie den Helm herunter. Die Männer sangen weiter. Jedem Zehnten schlugen sie den Kopf ab. Das Blut spritzte in die Gesichter der Mörder.
Oben auf der Stadtmauer schlugen die Agrippinenser die Hände vor ihre Augen. Der kleine Junge klammerte sich an seine Schwester.
Zwischen den verstümmelten Leibern stampfte Rictius vor den aufrechtstehenden Thebäern hin und her. „Wer gehorcht, der wird verschont!"
Mit einer Handbewegung brach Gereon das Lied ab. „Brüder! Laßt uns Gott bitten, daß er dem Kaiser und seinem Unterfeldherrn alle Schuld vergibt."

Gemeinsam sprachen sie das Gebet der Christen. „Vater unser, der Du bist im Himmel."
In ohnmächtiger Wut ließ Rictius wieder jeden Zehnten abschlachten. Das Gebet verstummte nicht. Wieder und wieder hallte der grausame Befehl über den Platz. Das Blut dampfte auf der Erde, und die Toten fielen übereinander.
„Wie auch wir vergeben unsern Schuldigern."
„Jeder Zehnte!"
„Dein Wille geschehe."
Und wieder!
„Amen!" riefen die noch Lebenden.
Zitternd stand Rictius vor Gereon, drohte ihm mit beiden Fäusten. „Warum lächelst du?"
„Dein Kaiser hat nur die Macht, uns zu töten, aber über unsere Herzen kann er nicht befehlen. Sie gehören Gott allein. Wir sind bereit, für unsern Glauben zu sterben."
Rictius schrie seinen Befehl, bis nur noch Gereon übrig war. Aufgerichtet wie eine Säule stand er da. Seine Augen blickten zu den Bürgern von Köln hinauf, blieben bei dem kleinen Jungen und seiner Schwester. „Habt keine Angst!" rief er laut. Dann fiel sein Kopf.
Noch am gleichen Tag ließ der Unterfeldherr die verstümmelten Körper in die Stadt schleifen und sie in einen Brunnen werfen, auch ihre Köpfe, nichts sollte noch an die Thebäer erinnern. „So werden alle Christen vernichtet!" schrie Rictius den Agrippinensern zu.

So wütend sie auch suchten, die Legionäre fanden keine Anhänger des Glaubens in der Stadt. Zufrieden berichtete der Unterfeldherr seinem Kaiser, daß Köln gesäubert sei. Das war im Jahr 290.

Doch niemand kann die Herzen der Menschen beherrschen! In Köln hatten Gereon und seine Thebäer den Christen die Angst genommen. Nicht einer war geflohen! Geschützt von den Nachbarn lebten sie in der Stadt weiter, trafen sich heimlich und beteten voller Vertrauen, bis die Herrschaft der beiden Imperatoren zu Ende ging und schon wenige Jahre später Konstantin zum Kaiser ausgerufen wurde. Unter seiner Regierung durften alle Christen wieder laut singen und beten. Der neue Kaiser ließ sich zum Glauben bekehren, und man nannte ihn Konstantin den Großen.

Eines Tages besuchte die Mutter des Kaisers das christliche Köln. Sie ließ die Gebeine des mutigen Gereon und der Thebäer aus dem Wasser heraufholen, kleidete die Märtyrer in prachtvolle Gewänder und befahl, eine Kirche rund um den Brunnen zu bauen. Bald entstand ein großes Gotteshaus, der Innenraum erstrahlte in Gold und Silber. Keine Kirche in Köln wurde mit solcher Liebe geschmückt. Einer der Baumeister war ein Mann, dem die Ohren abstanden, sie waren etwas größer als die Ohren anderer Männer.
Zur Erinnerung an die Aufrichtigkeit und den Glaubensmut des Hauptmanns Gereon stellten die Christen mitten in dem Innenraum, gleich neben dem Brunnen, eine Säule aus Granit auf.
Wenn später ein Lügner die Kirche des Sankt Gereon betrat und diese Säule ansah, dann stürzte er tot zu Boden. Wenn Kranke nur den Stein berührten, wurden sie gesund.

Und heute? Trotz Plünderung und Zerstörung, trotz so vieler Kriege ist uns die Säule als Erinnerung geblieben. Vielleicht wächst in unseren Herzen der Mut des heiligen Gereon?

Ursula

Ursula

Ich bin dem König
aller Könige versprochen.

Wehe dem Volk, das mit Waffen und Soldaten andere Völker unterdrückt! Wehe dem Herrscher, der König über alle Könige sein will! Irgendwann wird die Empörung übermächtig, und die Geknechteten schreien auf.
Im Osten, Westen, Süden und Norden sprengten die Bewohner der Provinzen die eisernen Ketten der römischen Herrschaft, und das riesige Weltreich zerfiel.
Unruhe, neue Kriege brachen aus. Völkerstämme machten sich auf die Wanderschaft, suchten nach mehr Platz und fruchtbaren Gegenden, um besser leben zu können. Europa brodelte. Wieder versuchten die Starken, die Schwachen zu unterjochen. Wieder wollte ein König der Herr aller Könige werden: Attila, der Hunnenfürst. Aus dem Osten galoppierten seine Horden nach Westen, wie ein todbringender Sturmwind fielen sie auch über die germanischen Völker her. Wieder gab es Gewalt, Angst und Wunden, wieder weinten Kinder. Noch hatte die grausame Meute die Rheinebene nicht erreicht, noch waren die Uferstädte nicht in Gefahr.
Ohne Geschrei und Waffengewalt breitete sich das Christentum über alle Länder aus, trotz Verfolgung, trotz der Kriegswirren. Längst hatte der Siegeszug des Glaubens im Norden die Küste erreicht. Mit Schiffen waren fromme Frauen und Männer hinüber nach England gefahren und hatten die frohe Botschaft den Bewohnern der Insel gebracht, Klöster wurden eingerichtet und Kirchen gebaut.

König Deonetus ließ sich zum Christentum bekehren und regierte mit großer Güte. Nach sehnsüchtigem Warten schenkte Gott ihm und seiner Frau endlich ein Kind. Die dankbaren Eltern erzogen Ursula in der Heiterkeit des Glaubens. Nie vorher hatte es auf der Insel eine junge Frau von solch einer klaren Schönheit gegeben.

Neben ihr waren die blühenden Palastgärten nur vergängliche Pracht.
Als Kind hatte Ursula immer wieder die Geschichten von Jesus Christus hören wollen, als junge Frau las sie selbst in der Bibel, las von seiner großen Liebe zu den Menschen. Ihr Herz öffnete sich, sie beschloß, ihr Leben diesem himmlischen König zu schenken.
„Nur Ihm will ich gehören", erklärte sie den Eltern. „Wie Er möchte ich den Menschen helfen."
König Deonetus erkannte den Ernst, mit dem seine Tochter die Entscheidung getroffen hatte und widersprach nicht.
Der Ruf ihrer Schönheit eilte von einem Fürstenhof zum anderen. Hoffnungsvoll reisten die jungen Prinzen nach England, verliebten sich in Ursula und mußten doch ohne sie nach Hause zurückkehren.

Hoch oben im Norden herrschte ein kampfwütiger König über ein barbarisches Volk. Er duldete keine Christen und verjagte jeden, der versuchte seine Untertanen zu bekehren.
Sehr zum Kummer des Vaters war sein Sohn Ätherius weich und nachdenklich. Er verabscheute die Kampfspiele, auch bereitete ihm das Trinken und Rülpsen bei den Festgelagen keine Freude. Ätherius schaute gern den Wolken nach oder spielte den Tag über mit seinen Hunden. Trotzdem liebte ihn der König und hoffte, daß sein Sohn doch irgendwann einmal zum Schwert greifen und Gefallen an dem wilden Leben haben würde.
Auch Ätherius hörte von Ursula, bestieg sein Pferd und ritt, nur begleitet von zwei Hunden, durch das Hochland hinunter in die Ebene bis zum englischen Königshof.
Er fand Ursula im Garten des Palastes. Seine Augen wurden von ihrer Schönheit festgehalten, und hilflos stand Ätherius da. Endlich blickte die Königstochter auf. „Wer bist du?" Doch der Prinz konnte nichts antworten.
Ursula hatte noch nie beim Anblick eines jungen Mannes so viel Wärme gespürt, sie stieg aus ihrem Herzen bis hinauf in die Wangen. „Sag mir bitte deinen Namen."
Endlich löste sich der Schreck seiner Bewunderung. „Ätherius aus dem Hochland", sagte er mit leiser Stimme.
Ursula trat dicht an ihn heran. „Du bist wie ein Bild in meinem Herzen. Ich kenne dich schon so lange, doch du darfst nur ein Bild sein,

denn ich habe mich dem König Jesus Christus versprochen." Sie wandte sich ab, dabei streifte ihr Haar leicht über das Gesicht des jungen Mannes. Hastig verließ Ursula den Garten.
Erst in der Abenddämmerung kehrte Ätherius zu seinem Pferd zurück, nur mit Mühe konnte er in den Sattel steigen. Die beiden Hunde fanden für ihn den Weg ins Hochland, und nach vielen Tagen erreichte er blaß und elend das Schloß seines Vaters, die Sehnsucht verzehrte ihn.
Immer wieder fragte der König: „Was hat man dir angetan?" Schließlich sprach Ätherius von Ursula. „Jeder Gedanke an sie bricht mir ein Stück aus meinem Herzen."
Nur kurz überlegte der König. „Ich werde dir diese Prinzessin holen. Vergiß jetzt den Kummer, sie wird deine Frau!"
„Nein, Vater." Ätherius rollten Tränen aus den Augen. „Sie ist diesem Jesus versprochen."
„Wer ist das?"
„Ich glaube, es ist der König aller Christen."
Laut lachte der Vater auf und beriet sich mit seinen Ministern. Schon am nächsten Tag reisten zwei Abgesandte hinunter an den englischen Hof. Sie überbrachten goldene Geschenke und hielten um die Hand der Prinzessin an. Bevor König Deonetus antworten konnte, fügten sie hinzu: „Wenn du nicht einwilligst, werden unsere Truppen in dein Land einfallen und die Prinzessin mit Gewalt holen. Es wird einen blutigen Krieg geben."
In tiefer Sorge bat Deonetus die Gesandten, eine Nacht zu warten und berichtete seiner Tochter von der Gefahr, die England bedrohte. Ursula hatte den Prinzen aus dem Hochland nicht vergessen. Sie verbarg ihr Gesicht. „Ich gehöre Jesus Christus, aber nach ihm wäre Ätherius der einzige Mann, dem ich hier auf der Erde meine Hand anvertrauen würde."
Ein guter König hat es oft schwer, auch ein guter Vater zu sein. Die drohende Kriegsgefahr verzweifelte Deonetus, schließlich siegte aber die Liebe zu dem einzigen Kind. Er wollte seine Tochter nicht in diese Heirat zwingen.
An diesem Abend betete Ursula lange, sie flehte Gott um Rat, und erst tief in der Nacht fiel sie in einen unruhigen Schlaf. Am Himmel ihres Traums zogen drohende Wolken. Sturm kam auf und wirbelte die schwarzen Wolkenriesen durcheinander, trieb sie rasch in den Horizont. Mit einem Mal legte sich der Wind. Vereinzelte Wolken-

gesichter blieben an ihrem Traumhimmel. Eine Stimme rief ihren Namen. Schlafend richtete sie sich auf. Die Stimme sprach ruhig und lange zu ihr. Ursula begriff jedes Wort, dann sank sie auf das Lager zurück.
Gleich am frühen Morgen eilte sie zu ihrem Vater und berichtete ihm alles, was die Stimme ihr aufgetragen hatte. König Deonetus umarmte seine Tochter und ließ die Abgesandten in den Thronsaal bitten. „Ich werde meine Tochter dem Sohn eures Königs zur Frau geben."
Zufrieden nickten die Brautwerber aus dem Hochland. Deonetus hob die Hände. „Doch vor der Heirat soll meine Tochter zusammen mit zehn Jungfrauen der vornehmsten Fürstenhäuser unserer Länder nach Rom pilgern, um die heiligen Stätten der Christen zu besuchen. Drei Jahre wird diese Fahrt dauern. Elf Schiffe müssen ausgerüstet werden, die nur von Jungfrauen gesteuert werden dürfen. Außerdem muß Ätherius den christlichen Glauben annehmen. Erst nachdem diese Bedingungen erfüllt sind und meine Tochter wieder zurückgekehrt ist, darf die Hochzeit stattfinden."
Die Abgesandten kehrten in den Norden zurück. Überglücklich drängte Ätherius seinen Vater, auf alle Forderungen einzugehen, und schließlich willigte der König ein.

Nach einem Jahr setzten elf Schiffe die Segel, und die Pilgerfahrt begann. Jedes Boot wurde von einer Fürstentochter befehligt, und nur tüchtige junge Frauen verrichteten die Arbeiten an Deck. Ursulas Schiff führte die Flotte an, der Wind war günstig, und schon bald erreichten alle Boote die Küste des Festlands.
Mit Begeisterung hatten die Töchter aus den vornehmen Häusern Ursulas Plan gehört, und jetzt verband die elf Jungfrauen auf den Kommandodecks eine innige Freundschaft.
Auch Cordula, der Jüngsten von ihnen, glückte das Manöver, ihr Schiff in die Mündung des Rheins zu lenken und flußaufwärts zu segeln. Auf keinem Boot herrschte solch ein vergnügtes Durcheinander, doch immer wieder gelang es Cordula im letzten Moment, mit Hilfe der Besatzung, die Segel richtig in den Wind zu setzen, um den Anschluß an die Flotte nicht zu verlieren. Längst hatten die zehn Schiffe am Kai des Kölner Hafens festgemacht, als endlich auch Cordulas Schiff einlief. Sie und ihre Mädchen sangen und lachten während des letzten Wendemanövers, und die zehn Freun-

dinnen dankten Gott, daß das Schiff nicht an den Ufersteinen zerschellte.
Die Christengemeinde von Köln bereitete den jungen Pilgerinnen ein großes Fest. Der Bischof bat sie, für einige Wochen hier in der Stadt zu rasten, bevor sie die beschwerliche Fahrt rheinaufwärts fortsetzten. Dankbar nahmen Ursula und ihre Freundinnen die Einladung an.
In dieser Nacht färbte sich der Himmel über Ursulas Traum zu einem glühenden Rot und fiel in Tropfen auf das Herz und die Stirn der Königstochter. Zuerst fürchtete Ursula die Schmerzen, dann lag sie still. Aus jedem heißen Tropfen wurde ein Wort, und Satz für Satz verstand Ursula den himmlischen Auftrag.

Bei Tagesgrauen weckte sie ihre Freundinnen. „Noch heute müssen wir die Segel setzen. Auf der Rückfahrt werden wir hier in Köln wieder rasten, dann wird sich in dieser Stadt unser Leben erfüllen."
Selbst Cordula murrte nicht, sondern trieb ihre Gefährtinnen zur Eile an. Noch ehe die Sonne den Tag erwärmte, legten die elf Schiffe vom Ufer ab. Nach Wochen erreichten die Frauen abgekämpft das oberrheinische Basel. Sie vertäuten die Schiffe im Hafen und setzten zu Fuß die Pilgerreise fort.
In den Alpen waren Hunger, Unwetter und Krankheit ihre strengen Begleiter. Die Erschöpfung erstickte sogar das Lied auf Cordulas Lippen. Doch als die sieben Hügel Roms in der Ferne auftauchten, das Ziel der Reise zum Greifen nahe lag, begann Cordula wieder zu summen, sie sang, und mit einem Danklied zogen die elf Jungfrauen, zusammen mit den Gefährtinnen, durch das Stadttor zum Palast des Papstes.
Der Heilige Vater selbst segnete die Pilgerinnen und führte sie zu den Leidensstätten der ersten Christen. Gemeinsam stiegen sie hinab in die Katakomben. Hier in den dunklen Höhlengängen hatte sich die verfolgte Gemeinde Christi verborgen, hier hatten die Gläubigen ihre Gottesdienste abgehalten, hier hatten sie ihre Toten bestattet. An den Wänden der Gewölbe sahen die Frauen das eingeritzte Geheimzeichen der schwergeprüften Gemeinde: den Fisch. Er erinnerte an den wunderbaren Fischzug am See Genezareth, er verband die Gläubigen mit Jesus Christus, dem Gottessohn und Heiland. Lange kniete Ursula nieder und betete, als sie aufstand, leuchtete ihr Gesicht.

So gestärkt begannen die Jungfrauen den langen Rückweg über die Alpen.

In diesen Tagen starb, weit oben im Norden, der kampfwütige Herrscher des Hochlandes. Zwei Wochen betrauerte Ätherius den Vater, dann aber trieb ihn die Sehnsucht nach der Geliebten über das Meer, und bald fuhr sein Schiff den Rhein hinauf. An den Ufern standen die Menschen und rangen verzweifelt die Hände. Attila, der Hunnenkönig, bedrängte und plünderte die Städte. Seine mordgierigen Horden rückten Tag für Tag näher auf Köln zu.
Ätherius blieb auf dem Wasser, spornte die Ruderer an und hoffte, Ursula bald in die Arme schließen zu können.

Nach entbehrungsreicher Wanderung bestiegen die Jungfrauen in Basel wieder ihre Boote. Wie leicht glitten die elf Schiffe mit der Strömung den Rhein hinab! Vor Mainz sah Ätherius die elf geblähten Segel, sah, wie die Schiffe den Hafen anstrebten und am Ufer festmachten. Endlich, am Abend erblickte der Prinz seine Geliebte. Hochaufgerichtet stand sie im Kreise der Freundinnen.
„Ursula!" Alle Sehnsucht lag in diesem Namen.
Die Prinzessin wandte sich um. Wieder stieg die Wärme in ihr auf, doch sie schüttelte bekümmert den Kopf. „Drei Jahre solltest du auf mich warten. Vielleicht wäre ich dann zu einem ewigen Bild in deinem Herzen geworden."
Ätherius öffnete hilflos die Hände. „Alles in mir gehört zu dir. Ich konnte nicht warten."
Fest blickte Ursula in seine Augen. „Gut. Wenn du wirklich alles mit mir teilen möchtest, dann fahre mit uns nach Köln. Dort wird sich unser Schicksal erfüllen."
Das Glück strahlte aus dem Gesicht des jungen Prinzen, und Ursula antwortete mit einem wehmütigen Lächeln.
Auch dieses Mal gelang es Cordula nicht ganz, den Anschluß an die Flotte zu halten. So segelte sie noch hinter dem Schiff des Ätherius her. Entlang des Ufers sahen die Pilgerinnen Verwundete und Tote liegen. Die Lebenden schrien angstvoll über das Wasser: „Fahrt nicht nach Köln! Attila und seine Horden belagern die Stadt! Seht, was er uns angetan hat. Legt nicht in Köln an!"
Je näher die Schiffe der Stadt kamen, um so lauter warnten die Überlebenden vom Ufer her. Von weitem erkannte Ursula das

riesige Zeltlager der Hunnen. Rauchschwaden stiegen von den Feuern auf und zogen träge über das Wasser.
Sie gab den Befehl, in den Hafen einzulaufen. Oben auf der Stadtmauer drängten sich die Bürger Kölns, rissen die Arme hoch, schwenkten Tücher. „Fahrt weiter! Fahrt weiter!“
Unbeirrt ließ Ursula die Schiffe längs des Ufers anlegen.
Dort lauerten sie! Ihre dunklen Gesichter grinsten, in jedem Augenpaar leuchtete die Mordgier, in den Händen hielten sie gekrümmte Säbel, Kugelketten und Speere. Noch vor ihnen knieten Bogenschützen, spitze Pfeile lagen auf den Sehnen. Hoch über seinen Männern und doch nur klein und breitschultrig stand Attila auf einem Granitblock. Aus dem dicken Kopf starrten Augenpunkte, die wenigen Barthaare hingen unter der platten Nase wie nasse Fäden. Er zückte sein Schwert, hob es zum Signal.
Furchtlos betraten die ersten Pilgerinnen das Ufer.
„Nieder mit ihnen!“ Seine Stimme überschlug sich.
Die Pfeile zerknickten das Leben wie Hagelschlag die Ähren auf dem Feld. Keine der noch lebenden Frauen floh zurück. Aufrecht verließen sie ihre Boote, und die Mörder fielen über sie her, zerfetzten die Pilgerinnen mit Säbeln, Messern, Ketten und Speeren.
Auch Ätherius sprang ans Ufer. Er wollte das Schwert zücken, als ihm ein Hunne mit einem gewaltigen Hieb durch die Schulter hindurch das Herz spaltete. Zum letzten Mal flüchtete sein Blick zu Ursula. Sie stand noch an Bord, sah, wie der Freund starb, dann setzte sie ihren Fuß an Land. Vor ihrer Schönheit wich die Meute zurück. Ungehindert erreichte Ursula den toten Ätherius. Um sie herum lagen die Freundinnen und Gefährtinnen in ihrem Blut.
Mit einem Satz sprang Attila von dem Steinblock, stürzte auf Ursula zu, packte ihre Haare und zog sie zu sich herunter. „Dich laß ich leben. Dich will ich. Du wirst meine Frau!“
Nur leicht berührte Ursula seinen Arm, sofort ließ Attila ihre Haare los und wich einen Schritt zurück. Offen und klar blickte Ursula in die kleinen Augenpunkte, bis der Hunne sein Gesicht abwenden mußte.
„Ich bin Attila!“ brüllte er auf. „Ich bin der König aller Könige. Morgen gehört mir diese Stadt. Mir wird die ganze Welt gehören! Auch du gehörst mir!“
„Niemals. Ich bin dem wirklichen König über alle Könige verspro-

chen. Seine Macht ist unermeßlich. Den Tod fürchte ich nicht, denn mein König hat sogar den Tod besiegt."
Wutentbrannt schlug der Hunnenfürst einem seiner eigenen Männer den Kopf ab. „Ich bin! Ich bin!"
„Du bist nur ein Mensch." Ursula lächelte.
In ohnmächtigem Zorn zeigte Attila auf die mutige Frau. „Tötet sie! Tötet sie!"
Ein Pfeil schlug in ihre Brust, durchbohrte sie. Ursula stürzte nicht, sie stand in ihrer Klarheit. „Und wenn du die ganze Welt eroberst, diese Stadt Köln wirst du nie bezwingen. Hier werden meine Freundinnen und ich unsere ewige Ruhe finden, und du kannst unseren Frieden nicht stören. Auch wenn du alle Länder vernichtet hast, bleibst du doch nur ein Mensch." Ursula sank zu Boden, ihr Haar deckte das Gesicht des Ätherius zu.
„Ich bin der König aller Könige!" schrie ihr Attila in den Tod nach.

Auf dem Schiff, das zuletzt angelegt hatte, bewegte sich noch etwas. Der Hunnenfürst und seine Meute starrten hinüber. Vorsichtig stieg eine junge Frau über die Bordwand und trat ans Ufer.
Bis jetzt hatte sich Cordula vor der Mordgier verborgen. Doch als keine der Freundinnen mehr lebte, wollte sie nicht allein bleiben. Sie blickte zu den Bürgern hinauf, die stumm von der Stadtmauer aus dem Tod zugesehen hatten. Leise summte Cordula die Melodie, mit der eine Mutter ihr Kind in den Schlaf wiegt. Die Pfeile zerstachen ihr Leben, und Cordula starb, noch bevor sie auf die Ufersteine niederstürzte.
Attila befahl seine Horden zurück in die Zelte. „Morgen werden wir diese Stadt dem Erdboden gleichmachen!" versprach er den Männern.
Lange brannten an diesem Abend die Kerzen in den Kirchen von Köln.
„Wir werden sterben. Kein Mensch kann uns vor dem Ende bewahren", sagte ein Vater und wärmte sein Kind in den Armen.

Die Nacht wölbte sich sternenklar über Köln und dem Lager der Hunnen. Im Traum sah Attila, wie die Sterne langsam heruntersanken. Näher kamen die Lichter, sie blendeten. Aus den grellen Punkten wuchsen Gesichter, wurden Gestalten. Die Jungfrauen fielen auf den Hunnenfürsten zu. In ihren Händen hielten sie Säbel,

Pfeile und Kugelketten, jede Hand hatte mehr Waffen gefaßt, als tausend Männer je tragen konnten. Näher und näher! Die Spitzen und Schneiden zielten auf das Herz des Königs. Wie ein Wurm wand sich Attila. Jetzt berührten die Klingen sein Leben!
Der Angstschrei riß den Hunnenfürst aus dem Schlaf. Im Taumel verließ er sein Zelt. Aus allen Lagergassen schrie die gleiche Angst. Männer torkelten durcheinander, die Hordenführer stürzten zu ihrem König. Gleichzeitig schrie das Hunnenheer auf. „Sie kommen! Elftausend Jungfrauen! Mit elftausendmal so vielen Waffen! Sie werden uns alle vernichten!"
Über den Angstlärm hinweg brüllte Attila: „Brecht die Zelte ab! Sattelt die Pferde!"
Noch vor dem Morgengrauen galoppierte die hunnische Streitmacht davon, und im ersten Licht des Tages sahen die Turmwächter nicht ein einziges Zelt mehr vor der Stadt, nicht einen Belagerer mehr.

Die Bürger von Köln bargen die leblosen Körper der Jungfrauen, legten sie nebeneinander zur letzten Ruhe und bedeckten sie mit ihrer tiefen Dankbarkeit. Über den Gräbern der Märtyrerinnen bauten sie eine Kirche der Erinnerung.
„Diese Jungfrauen haben unsere Stadt gerettet", sagte ein Vater zu seinem Kind und schaukelte es auf den Knien.
„Waren es elf Jungfrauen?" fragte das Kind.
„Sie hatten den Mut von elftausend Herzen."

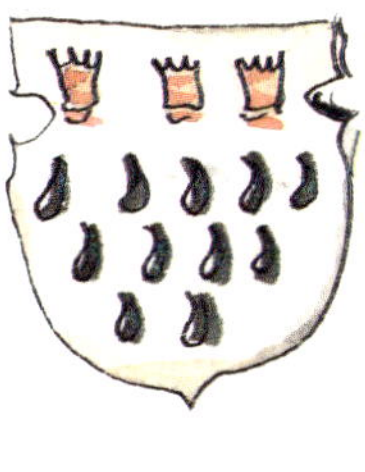

Ida und Karl

Jede Zeit
ist für Liebende zu kurz.

Nach dem Niedergang des römischen Weltreiches, nach den Unruhen der Völkerwanderung blieb ein einziger Name auf den blutgetränkten Schlachtfeldern zurück: Die Franken. Um das Jahr 500 erstreckten sich die Gebiete ihrer Herrschaft vom Atlantik bis nach Thüringen, von der Nordseeküste bis zu den Alpen und in der Provence bis hinunter an die Strände des Mittelmeers. Zwar aufgeteilt in drei Unterreiche, so lautete der große gemeinsame Name: Das Frankenreich, das Reich der Kühnen und Freien.

Doch welch ein Hohn barg dieser Name! Die mächtigsten Geschlechter stritten um die Königswürde. Heimtückische Morde, Betrug und Verleumdung, Haß, Verrat und das Blut der eigenen Familie waren die Garne, aus denen die königlichen Gewänder gewebt wurden, verziert mit dem goldglänzenden Kragen der Machtgier.

War der Vater endlich König aller Franken, wurde das Reich unter den Söhnen wieder aufgeteilt, und die führten Kriege miteinander und gegeneinander. So zogen sich die Kämpfe und Meuchelmorde durch die Jahrzehnte. Niemand gönnte einem König die uneingeschränkte Macht, und schließlich entschieden die Franken, jedem der drei Unterreiche einen Hausherren zu geben. Der Stärkste bestimmte sich zum Hausmeier seiner Länder, nannte sich vornehm lateinisch „Majordomus". Doch Frieden konnte nicht wachsen, denn sofort schielte jeder Hausmeier gierig auf die Gebiete seines Nachbarn.

Was ist „frank und frei"? Vergeblich suchten die einfachen Menschen eine Antwort auf diese Frage.

Als im Jahre 714 der Majordomus Pippin II. starb, näherten sich die Kölner Bürger nur mit Vorsicht der Königsburg auf dem Domhügel ihrer Stadt. Jeder in Köln wußte, daß Plektrudis, die Witwe des Verstorbenen, eine fromme Christin war, jeder kannte ihr Kloster Unserer Lieben Frau gleich hinter dem Palast. Doch die Bürgerschaft fürchtete die Herrschsucht dieser stolzen Frau. Plektrudis fühlte sich zu jung, um gleich nach dem Tode des Majordomus den Schleier zu nehmen und sich in die Stille des Klosters zurückzuziehen. Besser noch als die Männer verstand sie das Ränkespiel der Macht, und so bestimmte Plektrudis ihren kleinen Enkel zum neuen Herrscher. Bis der Knabe herangewachsen war, wollte sie selbst die Regentschaft übernehmen. Für die Bürger der Stadt bedeutete dieser Entschluß das gleiche unfreie Los.

Besonders Karl, der Sohn aus der Liebe Pippins und seiner Nebenfrau, erfuhr jetzt die unerbittliche Härte der Stiefmutter. Obwohl er von seinem Vater zum Erben der Herrschaft bestimmt worden war, ließ ihn Plektrudis gefangennehmen und in ein Kellergewölbe der Königsburg sperren.

Tagelang stürmte Karl in dem Verlies auf und ab, schlug mit den Fäusten gegen die eisenbeschlagene Zellentür oder starrte zu dem unerreichbar hohen Gitterfenster hinauf. Zweige eines Strauches ragten durch die Stäbe. Ging draußen ein Wind, schwankten seine Blätter leicht, und der Anblick dieses hellen Grüns bewahrte Karl vor dem Abgleiten in die Verzweiflung. Bald sprach er zu den Blättern hinauf, erzählte ihnen von seinen Plänen, wie er das Frankenreich einigen wollte, wenn er nur wieder in Freiheit wäre. „Meine Stiefmutter fürchte ich nicht!" versicherte er laut, rief es immer wieder, bis er es selbst glaubte. Manchmal am Morgen, wenn die Sonne die Blätter noch heller erscheinen ließ, dachte Karl an das junge Mädchen, das er kurz vor seiner Gefangennahme in der Nähe der Stiefmutter gesehen hatte. Ihre dunklen Augen, ihr zurückgebundenes Haar, ihre Gestalt, das alles malten ihm die schwankenden Blätter hoch oben zwischen den Gitterstäben, bis die Sonne höher in den Tag stieg.

Die strenge Plektrudis sorgte sich um ihre Verwandtschaft! „Wer die Macht besitzen will, darf die Familie nicht aus den Augen lassen." Genau achtete sie darauf, daß kein Vetter, Neffe oder Schwager ihr gefährlich werden konnte und bemühte sich um die Bildung der Mädchen, um sie später geschickt und gewinnbringend verheiraten zu können.

Schon vor langer Zeit hatte sie Ida ausgewählt und das Kind den Nonnen ihres Klosters anvertraut. Jedes Jahr, an seinem Geburtstag, mußte das Mädchen vor der Tante und Herrin die gelernten Gebete und Loblieder aufsagen und zeigen, wie geschickt ihm die Arbeiten in Haus und Garten von der Hand gingen.
„Ich bin sehr zufrieden mein Kind und habe große Pläne mit dir", lobte sie Ida an ihrem 16. Geburtstag. „Nächstes Jahr gebe ich dich dem Mann, den ich ausgewählt habe." Kurz strich Plektrudis über das Haar des Mädchens und befahl, den Königsbecher bis zum Rand mit Wein zu füllen.
Diesen unbeobachteten Moment nutzte Ida, um aufzuschauen. Ihr Blick fand den Stiefsohn der Tante, sank in seine hellen Augen und verlor sich an den jungen Mann.
„Trink, mein Kind", forderte Plektrudis. Fahrig griff Ida nach dem Becher und verschüttete den Wein. Sofort spürte die Tante ihre Veränderung. Sie wandte sich um und sah ihren Stiefsohn. „Hinaus!" befahl sie. Mit bleichem Gesicht verließ Karl den Saal.
Seit diesem Tag hatte Ida ihn nicht wiedergesehen. In der Einsamkeit wächst die Liebe schnell, und Sehnsucht treibt die Blüten. Nach dem Tod des Majordomus war im Kloster erzählt worden, daß Plektrudis ihren Stiefsohn Karl in den Kerker geworfen hatte. Wieder waren Wochen vergangen, und jedes Lächeln erfror in Ida.
Sie trug die angstvolle Sorge um Karl durch den Garten des Klosters, setzte sich auf den Rand des kleinen Brunnens in der Nähe der Königsburg und ließ ihre Gedanken über die Sträucher hinweg an der Burgmauer hinauffliegen. Irgendwo, tief in einem Verlies des Palastes hielt die Tante den Geliebten gefangen.

An einem Nachmittag kauerte Ida wieder auf dem Brunnenrand, tauchte die Hand in das Wasser, hob sie heraus und blickte den zurückfallenden Tropfen nach. Eine Stimme sprach. Erschreckt fuhr die junge Frau hoch. Keine Nonne rief nach ihr! Ganz entfernt vernahm sie die dumpfe Stimme eines Mannes. Nur Frauen durften den Klostergarten betreten, und doch hörte Ida dieses tiefe Sprechen. Beunruhigt eilte sie in die Richtung der Stiftsgebäude, die Stimme verlor sich. Ida kehrte zu dem Brunnen zurück. Schweigen. „Ich habe mich geirrt", flüsterte sie und ließ sich auf dem Steinrand nieder. Wieder setzte das Sprechen ein. Langsam ging Ida zu den Sträuchern an der Burgmauer hinüber, mit jedem Schritt

wurde die Stimme lauter. Ida bog die dünnen Äste auseinander, drang tiefer in die Büsche ein. Jetzt verstand sie Worte, wie „Aquitanien", „meine Schwertkämpfer" und „Sieg". Am Fuß der Mauer fand Ida, verborgen durch einen Strauch, das Gitterfenster. Sie hob die Zweige an, kniete sich auf die Erde und blickte in das Verlies.
„Karl", stammelte sie.
Unten im Halbdunkel stockte der junge Mann auf seiner Wanderung von Mauer zu Mauer, brach das Selbstgespräch über Feldzüge und Siege ab und starrte nach oben. Es war kein Morgen, keine Blätter malten dieses Gesicht in seine Gedanken.
„Du!" Mehr nicht. Schon war Karl an der Mauer, fingerte nach den Steinen, doch er fand keinen Halt. Hoch reckte er die Hände zu ihr hinauf.
Ida preßte das Gesicht an die Eisenstäbe, streckte ihm beide Arme zu. Obwohl die Kerkertiefe zwischen ihnen lag, blieben beide so.
Später raunte ihm Ida zu: „Warte nur noch eine Nacht. Morgen befreie ich dich."
Bis spät in den Abend sagte, rief und lachte Karl ihren Namen und trank an ihm neue Kraft.
Gleich nach dem Morgengebet eilte Ida mit einem Korb in den Garten und verschwand unbemerkt zwischen den Sträuchern. Es war keine Zeit, mit dem Geliebten all die glücklichen Gedanken der vergangenen Nacht zu teilen. Ida warf ihm einen starken Dolch zu, befestigte einen Strick an den Eisenstäben, schlang in Abständen dicke Knoten und ließ das Seil ins Verlies hinabgleiten. „Nach der Arbeit im Kloster komme ich zurück", versprach sie und eilte davon.
Erst spät im Nachmittag betrat sie wieder den Garten. Wie gewohnt setzte sie sich auf den Brunnenrand. Ida wartete, bis sie sicher war, daß niemand ihr folgte oder sie zurückrief, erst dann huschte sie in die Sträucher.
Den Tag über war Karl an den Knoten des Stricks hinaufgeklettert und hatte mit dem Dolch das Mauerwerk um die Eisenstäbe gelockert. Jetzt stand er unten in seinem Kerker und lachte zu Ida empor. „Das Gitter ist lose, und doch kann ich ohne deine Hilfe nicht zu dir hochklettern."
Schnell riß Ida die Stäbe ganz aus der Mauer, löste das Seilende und band es fest um ihre Hüfte. „Komm zu mir!" rief sie leise. Weit beugte sie den Körper vor, und mit der Kraft ihrer Liebe wurde sie

der Halt, an dem Karl sich hinaufzog und die Freiheit wiedererlangte.
Jede Zeit ist für Liebende zu kurz! Ida und Karl blieb, im Versteck der Sträucher, nur der Moment, in dem Zärtlichkeit beginnt und einzelne Worte mehr als Sätze bedeuten. Schon wartete der drängende Abschied.
„Hab keine Furcht", tröstete Karl. „Überall im Land warten treue Freunde auf mich. Erst werde ich das Frankenreich einigen, dann kehre ich als Herrscher zurück und fordere das Erbe meines Vaters."
Er nahm Ida fest in den Arm. „Bewahre dieses Seil auf, an dem du mich gehalten hast. Warte auf mich. Mein Herz ist fest an dich gebunden, und nie möchte ich den Knoten wieder lösen."
Noch einmal sah Ida in seine Augen, noch einmal berührte sie seine Wange. „Ich werde den Strick gut verstecken. Er soll das Band meines Lebens sein." Damit gab sie den Geliebten frei, wartete, bis Karl die Mauer des Gartens überwunden hatte und kehrte zum Kloster zurück. In ihrer Zelle verbarg sie das Seil unter den Brettern des harten Lagers.
Kaum hörte Plektrudis von der Flucht, als sie ins Kloster stürmte und die Nonnen zur Rede stellte. Sie bedrängte die frommen Frauen, drohte ihnen mit qualvollen Strafen, tobte und schrie. Ida ertrug die Not ihrer Erzieherinnen nicht länger. Mit gesenktem Kopf trat sie vor. „Ich habe Karl befreit."
Plektrudis stieß den Atem aus. Gefährliches Schweigen lastete in der Halle. Endlich fragte sie mit leiser und doch schneidender Stimme: „Warum hast du diesem Bastard geholfen?"
Ida hob den Blick. „Ich liebe ihn."
Plektrudis wandte sich ab. Wer die Macht besitzen will, darf die Familie nicht aus den Augen lassen. Trotz aller Kunstfertigkeit, mit der sie die Fäden der Herrschaft an sich gezogen hatte, war ihr ein Fehler unterlaufen.
Entschlossen ließ sie Ida niederknien. „Du sollst auf ihn warten, mein Kind. Nie mehr wirst du dieses Kloster verlassen." Den Nonnen befahl sie: „Kleidet meine Nichte ein. Sie wird den Schleier nehmen und eure Schwester werden."
Kurz strich sie Ida über den Kopf. „Du siehst, ich bin eine milde Frau."
Sie verließ das Kloster, draußen preßte sie die Fäuste an ihre Stirn. Jeder Zug des Plans war von ihr genau durchdacht worden, nur mit

diesem unseligen Gefühl, mit dieser Liebe, hatte sie nicht gerechnet.

Im ersten Jahr saß Ida am Brunnen des Klostergartens und sang ihre Sehnsucht vor sich hin. Im zweiten Jahr hörte sie von Karls großen Siegen in Aquitanien. Ihr Karl war zum Held der Schlachtfelder geworden. Im dritten Jahr sprach Ida jeden Tag lange zu den Blättern des Strauches, hinter dem sie das Gitterfenster entdeckt hatte. Ihnen erzählte sie, daß Karl bis zum Winter zurückkommen würde. „Ich weiß es, er kommt und befreit mich aus diesem Klostergefängnis."
Der Frühling des vierten Jahres kam, und Ida wartete immer noch. Zweifel umklammerte ihre Hoffnung. Stumm saß sie im fünften Jahr auf dem Steinrand des Brunnens, bis sie zum Abendgebet gerufen wurde.
„Karl ist gefallen", raunte ihr eine Mitschwester zu. Der Stich traf Idas Herz und zerstörte den letzten Mut. Zwei Monate lang lag sie in ihrer Zelle, aß nur etwas Brot, bat um Wasser aus dem Brunnen. Plektrudis ließ die Mitschwester zu sich kommen. „Wie geht es ihr?"
„Sie grämt sich in den Tod", antwortete die Nonne.
„Das arme Ding." Plektrudis lächelte und schenkte der Nonne eine goldene Haarspange. „Niemand außer dir darf mit Ida sprechen. Wenn sie dich fragt, wirst du immer wieder vom Tod meines Stiefsohns erzählen."
Sobald die Nonne den Saal verlassen hatte, grub Plektrudis die Nägel ihrer Finger in die Handflächen. Sie kannte alle Ränkespiele der Macht und wußte genau, daß sie verspielt hatte. Draußen im Reich häufte Karl Sieg auf Sieg und warf die Gegner, wie mit gewaltigen Hammerschlägen, zu Boden. Längst war er zum mächtigsten Majordomus des Frankenreichs emporgestiegen. Seine Feinde nannten ihn den Hammer, nannten ihn furchtsam Karl Martell.
„Bald wird er hier in Köln sein und mir alles nehmen", flüsterte Plektrudis. „Doch vor meinem Ende werde ich diesem großartigen Sieger seine einzige Niederlage bereiten."

Leise betrat die Mitschwester Idas Zelle.
„Erzähl mir, gibt es Neuigkeiten?" Mühevoll hob die Kranke den Kopf.
„Es sind schlimme Nachrichten." Mit dem Rücken zu ihr setzte sich

die Nonne auf das Lager. „Man berichtet, daß Araber deinen Karl in vier Stücke geschlagen haben. Sie haben ihn den Hunden zum Fraß vorgeworfen."
Ida sank zurück. Nach einer Weile. „Es gibt also keine Hoffnung mehr."
Die Mitschwester schüttelte den Kopf.
„Laß mich allein", bat die Kranke.
In der späten Dämmerung erhob sich Ida von ihrem Lager. Sie schob den Strohsack zur Seite. Die zitternden Hände fanden den Strick unter den Brettern. „Das Band meines Lebens", murmelte sie und schleppte sich in den Garten bis zu ihrem Brunnen. Ohne Hast ließ sie das Seil durch die Hände gleiten. Bei jedem Knoten hielt sie lange inne, bevor sie nach dem nächsten griff. Ihr war, als stiege sie den Strick hinauf. Knoten für Knoten näherte sie sich der Freiheit, in der sie ihrer Liebe begegnen würde.
Am nächsten Morgen fand man sie zusammengesunken neben dem Brunnen. Den Strick hielt sie fest an sich gepreßt. Ungerührt ließ Plektrudis den Leichnam auf dem Klosterfriedhof begraben.

Signalhörner vor den Toren Kölns kündeten den großen Karl Martell an. Auf den Schafsweiden innerhalb der Stadtmauer schlugen seine Männer das Lager auf, und ohne Gegenwehr besetzten sie die Königsburg.
Demütig übergab Plektrudis dem Stiefsohn das Erbe seines Vaters, zeigte ihm ihre tiefe Reue. Karl verschonte sie, nach so vielen Siegen schmeckte ihm Rache nicht mehr. Er fragte nach Ida. Da brach seine Stiefmutter in Tränen aus, berichtete schluchzend, wie sehr sich Ida gegrämt hatte. „Meine ganze Liebe habe ich ihr angedeihen lassen, doch das Warten verzehrte sie. Ida starb an ihrem Kummer."
Stumm schritt Karl Martell zum Kloster hinüber, fragte die Nonnen um Erlaubnis und betrat den Garten. Neben dem Brunnen fand er den Strick. Wie einen Schatz hob er ihn auf und wog ihn in der Hand. „Das Zeichen unserer Liebe." Voller Wehmut schlang er die Enden umeinander und zog den letzten Knoten fest. „Wie diesen Strick füge ich das Frankenreich zu einem starken Kranz zusammen, und so fest bleibt meine Erinnerung bei dir."
Karl Martell hielt Wort.

Hildebold

Erwarte nicht, daß ich mich
für meine Worte entschuldige.

Mit unbarmherziger Härte hatte Karl Martell die Gebiete des Frankenreichs aneinandergeschmiedet. Er rettete das christliche Abendland vor den Muselmanen und übergab seinen Erben die grobgefügte Form des gewaltigen Reiches.
Sein Sohn, Pippin der Kurze, hatte mit Geduld und Weitsicht das rauhe Äußere geglättet und das Innere mit Glauben und kirchlichem Leben erfüllt. Während seiner Herrschaft fühlten sich auch die einfachen Menschen zum ersten Mal als Untertanen eines Königs. Wenn auch die Barbarei der vergangenen Jahrhunderte immer noch bedrohlich den Alltag verdunkelte, so schimmerte doch die Hoffnung einer menschenwürdigen Gerechtigkeit am Horizont.
Nach Pippins Tod wurde sein Sohn Karl mit 29 Jahren König über alle Franken. War der Vater von Gestalt so klein gewesen, daß man ihm den Beinamen „der Kurze" gegeben hatte, war sein Sohn zu einem Riesen von bald zwei Metern herangewachsen. Am Königshof in Aachen nannten ihn die Damen und Adeligen heimlich den großen Karl.
Wie sein Großvater Karl Martell führte er Kriege mit eiserner Faust. Wie sein Vater Pippin III. liebte er seine Untertanen und regierte mit Weisheit und in der Demut des Glaubens. Aus dem großen Karl war längst der bewunderte Karl der Große geworden. In den vielen Provinzen des Reiches bewahrten Bischöfe das Gesetz der Kirche, und Grafen sorgten sich um die weltliche Ordnung. Doch über allem, über Kirche und Staat, wachte Karl der Große mit strengen und gerechten Augen.

Kaum war im Jahre 782 der Kölner Bischof Rikolph gestorben, als zwischen Adel und Kirchenmännern ein heftiger Streit entbrannte. Wer sollte der Nachfolger auf dem Bischofsstuhl werden? Die Vornehmen und die Räte liebäugelten mit einem Mann, der sich voll Eifer um das Wohl des Stadtsäckels bemühen wollte, die Geistlichkeit bevorzugte einen Bischof, dem vor allem die Besitztümer der Kirche am Herzen lagen. Sie schacherten, handelten und konnten sich nicht einigen.

In Aachen und im Kreise seiner Frauen und Kinder ruhte sich zu dieser Zeit Karl der Große von einem der schrecklichen Kriege aus, die er gegen die heidnischen Sachsen führte.

Der umsichtige Königsbote unterrichtete seinen Herrscher von dem Streit in Köln. Ärgerlich schüttelte Karl den Kopf.

Am nächsten Morgen erschien er in der Kleidung eines einfachen Jägers beim königlichen Frühstück und ritt kurz darauf, begleitet von seinen Jagdhunden, in Richtung Köln davon. So frei auf einem Pferd zu sitzen, das liebte der König, keine schwere Kriegsrüstung behinderte ihn, und im Galopp durchquerte er seine Wälder.

Schon am späten Nachmittag sah er von den Höhen des Vorgebirges die Stadt Köln in der Ebene liegen. Gemächlich verließ Karl den großen Königswald und rastete in einem Hüttendorf, tränkte das Pferd, ließ die Hunde trinken und schöpfte mit den Händen das Wasser aus dem Brunnen, um den eigenen Durst zu löschen. Niemand beachtete den staubigen Mann in der Kluft eines Jägers.

Das verrostete Glöckchen auf dem Moosdach der Kapelle schlug an. Kein Läuten, nur scheppernder Lärm rief die Bewohner zum Vespergottesdienst. Kurz entschlossen folgte Karl den Gläubigen in die kleine Kirche. Neben dem Altar erwartete der Priester seine Gemeinde. In dem Gesicht leuchteten die Augen, und seine Haarlocken schimmerten in einem dunklen Rot.

Welch eine Messe! Karl vergaß die Enge der Kapelle, glaubte in seiner hohen Kirche in Aachen zu sein. Andächtig lauschte er dem mächtigen Gesang und dem lateinischen Text der Lesung. „Eher geht ein Kamel durch ein Nadelöhr, als ein reicher Mann die Seligkeit des Himmels erlangt."

Nach dem Gottesdienst brachten die Gläubigen ihre Opfergaben zum Altar. Tiefbewegt ging auch der große Mann nach vorn und legte einen Goldgulden in den Korb. Der Priester sah das glänzende Geldstück und hob beide Hände. „Verlaßt die Kapelle", bat er die Dorfbewohner, dem Jäger befahl er: „Du bleibst noch!"

Kaum hatte sich der Gottesraum geleert, als der rothaarige Priester den Gulden nahm und vor dem Fremden stehenblieb. Mit funkeln-

dem Blick musterte er die hohe Gestalt. „Noch nie lag ein Goldstück in unserem Opferkorb!"
„Ich gebe es dir und deiner kleinen Kirche." Karl schmunzelte.
Dicke Adern wuchsen auf der Stirn des Geistlichen. „Warum verschenkt ein einfacher Jäger solchen Reichtum, mit dem ich sogar eine neue Kapelle bauen lassen könnte?"
„Deine Messe hat mir gefallen."
Zornig lachte der Priester und hielt den Gulden hoch. „Nein, mein Sohn. Vielleicht hast du das Gold gestohlen und fürchtest dich jetzt vor der Entdeckung. Nirgendwo kann ein einfacher Mann mit solch einer Münze bezahlen, ohne Mißtrauen zu wecken! Oder du bist ..." Der Geistliche hielt inne und sah dem Fremden in die Augen. Karl trat dicht an den Priester heran. „Oder?" Schärfe lag in der Stimme des Königs. „Sprich weiter!"
Unbeeindruckt fuhr der Gottesmann fort: „Auch wenn es dich ärgert, ich sage es dir so frei und offen, wie es mir mein christliches Herz befiehlt: Oder du bist nicht der einfache Jäger, der hier vor mir steht. Vielleicht bist du sogar einer der vornehmen Herren, hast aber solch große Schuld auf dich geladen, daß du vor der Verantwortung fliehst und deine Seele retten möchtest." Der Priester atmete tief. „Mein Sohn, was du auch getan hast, wer du auch bist. In meiner Kirche kannst du dich nicht mit Gold von deinen Sünden loskaufen!" Damit schlug er Karl den Gulden in die Hand. Der König stand und starrte den Geistlichen an. Noch nie hatte es ein Mensch gewagt, so mit ihm zu sprechen. „Deine Gemeinde ist in guten Händen", sagte er schließlich leise.
„Sie soll es bleiben, Fremder." Weit streckte der Priester den Arm aus und zeigte zur Kapellentür. „Ich bitte dich zu gehen. Wenn du Reue fühlst, komm wieder und beichte."
Karl senkte den Kopf. „Ich wollte mit meinem Opfer nur danken." Er wandte sich ab und schritt dem Ausgang zu.
„Warte noch", hielt ihn der Priester zurück. „Wenn ich dir Unrecht getan habe, verzeih. Nimm einen Rat von mir: Kein Mensch kann vor Gott mit seinem Reichtum prahlen. Ich erlaube dir, uns das Fell eines Tieres zu bringen, in das wir unser altes Meßbuch einschlagen können."
Ohne Erwiderung verließ Karl die Kapelle.
Am Brunnen spielten die Kinder des Dorfes mit seinen Hunden. „Wie heißt euer Priester?"

Ein Mädchen lachte Karl an. „Den kennt doch jeder!“
„Sag mir den Namen.“
„Das ist unser Vater Hildebold.“
Auf seinem Weiterritt nach Köln hinunter kehrte Karl der Große in Gedanken immer wieder in die Kapelle zurück.

Noch am gleichen Abend übernahm der König den Vorsitz der Versammlung aller Adeligen und Kirchenmänner Kölns. Jede Partei rühmte die Vorzüge ihres Kandidaten. Viel wurde über Geld und Besitz geredet.
„Vor Gott zählt kein Reichtum dieser Welt!“ fuhr Karl mit donnernder Stimme dazwischen, daß den feinen Herren Worte und Satzbrocken in den Hälsen steckenblieben. Der König erhob sich. „Mein Entschluß steht fest.“
Gleich bei Tagesanbruch ritten zwei Boten zu den Hütten am Rande des Waldes hinauf und brachten den rothaarigen Priester nach Köln, führten ihn gleich in den Saal, in dem sich wieder die streitenden Parteien um Karl den Großen versammelt hatten.
„Ich bin dein König“, begrüßte ihn Karl.
Mißtrauisch kratzte Hildebold sein kantiges Kinn, erst dann beugte er langsam die Knie und senkte den Kopf. Nach einer Weile blickte er auf, sah seinem König fest in die Augen. „Erwarte nicht, daß ich mich für meine Worte entschuldige. Ich habe dir nur das gesagt, was mir mein Glaube befiehlt.“
Rasch ging Karl zu dem mutigen Mann und hob ihn auf. „Deshalb achte ich dich.“
Der König wandte sich an die Versammlung. „Das ist der neue Bischof von Köln. Ihm vertraue ich das Bistum an, denn sein Handeln wird allein durch das Gebot des Glaubens bestimmt.“

Oft hörte Hildebold später die Beichte seines Königs. Im Jahre 799 betraute ihn Karl mit dem Amt des Erzbischofs und bestimmte Köln zum Mittelpunkt einer großen Kirchenprovinz. Auch als der König zum Weihnachtsfest des Jahres 800 vom Papst zum Kaiser gesalbt und gekrönt wurde, blieb er Hildebold ein treuer Freund. In seinem Testament vermachte Karl der Große zwei Drittel seines Besitzes den Erzbistümern des Reiches. Nach dem Tod des großen Kaisers, im Jahre 814, nahm Hildebold seinen Teil des Geschenkes an. Dieses Mal war es die Gabe des Kaisers und nicht der Goldgulden aus der Hand eines einfachen Jägers.

Der Erzbischof ließ Pläne entwerfen. Arbeiter rissen einen Teil der Königsburg ab. Bauleute maßen die Länge und Breite. Bald schon segnete Hildebold den Grundstein zum Bau einer großen Kirche, die zu Ehren Gottes errichtet werden sollte.
Nur fünf Jahre nach dem Tode Karls des Großen und lange vor der Vollendung des Doms starb Erzbischof Hildebold als guter Baumeister des Glaubens.

Anno

Schlagt die Bibel für eine Weile zu,
und nehmt das Schwert.

Aus der Tiefe der Nacht war Karl der Große auf den Hügel seiner Macht gestiegen. Im ersten Tagesgrauen sah er die Sterne seiner Vorfahren verblassen. Aus dem Norden blies der Wind die Nebelreste der Dunkelheit zum Kaiser hinauf. „Dir gebe ich den Namen Nordwind."

Strahlend stieg die Sonne in den Tag. Der Morgenwind erfrischte den großen Karl. „Dich nenne ich Ostwind."

In den Mittagsstunden wehte ein Gluthauch aus den südlichen Provinzen des Reiches. „Südwind!" rief ihm der Kaiser zu.

Wie ein Feuerball sank die Sonne in den Abend. Der Wind trieb Wolken vom Atlantik her. „Mit dem Westwind lege ich mich zur Ruhe."

Karl der Große hatte die Grenzen seiner Länder gefestigt und den vier Winden ihre Namen gegeben.

Nach seinem Tod wurde es wieder Nacht über dem Frankenreich. In der Finsternis der folgenden Jahrzehnte irrten die Söhne, Enkel und Urenkel, die Nachkommen aus dem Geschlecht der Karolinger, hilflos zwischen Bruderkriegen, Reichsteilungen, Neid und Habgier umher.

Als der Tag düster anbrach, bestimmten neue Grenzen die alten Herrschaftsgebiete der Franken. Um die Jahrtausendwende regierten über Italien, Frankreich und dem Reich der Deutschen zwar selbständige Könige und Kaiser, doch wie hungrige Wölfe lauerten sie nur auf eine Schwäche des Nachbarn, versuchten wieder und wieder, ihre unersättliche Machtgier zu stillen.

Nach blutigen Kriegen gegen äußere und innere Feinde war es Heinrich III. schließlich gelungen, der Herr über halb Europa zu werden. Doch längst konnte ein Kaiser nicht mehr allein über das deutsche Reich regieren. Nur wer Gott und den Glauben auf seiner Seite hatte, besaß die wirkliche Macht. Heinrich war auf den Rat und die Unterstützung seiner Erzbischöfe angewiesen und er-

nannte nur den zum Oberhaupt einer Kirchenprovinz, der auch mit dem Schwert die Grenzen verteidigen konnte.
Zu den Pflichten des mächtigsten aller Erzbischöfe gehörte es, dem Kaiser in Aachen die Krone aufzusetzen, und der Stuhl dieses einflußreichsten Kirchenvaters stand in Köln, dort war der Mittelpunkt seiner Macht. Wie ein König wachte der Erzbischof über das Blühen des Stifts und seiner Hauptstadt. Für die Bürger war er Kaufmann, Krieger und Hirte.

Kurz vor seinem Tode setzte Kaiser Heinrich III. einen starken und klugen Mann auf den Stuhl des Kölner Erzbistums. In vielen Kriegen hatte Anno II. dem Kaiser zur Seite gestanden, bei Staatsgeschäften hatte der breitschultrige Mann ihm geholfen, richtige Entscheidungen zu treffen, und mit strenger Güte verteidigte Anno jetzt auch die Gesetze des Glaubens. Auf dem Krankenlager ergriff der Kaiser die Hand des Freundes. „Ich vertraue dir die Erziehung meines kleinen Sohnes an. Nach meinem Tode sollst du die Kaiserin beraten, bis der junge König Heinrich selbst die Herrschaft übernehmen kann."
Anno versprach es, und noch im Jahre 1056 schloß er dem Kaiser die Augen.
Obwohl sie nichts von den Regierungsgeschäften verstand, wollte die Mutter des sechsjährigen Königs allein regieren, und blind wies sie die Ratschläge Annos zurück. Bald umlauerten die Fürsten das geschwächte Königshaus, auf ihren Zungen lag schon der süße Geschmack der Macht.
Ruhelos wanderte Anno eine Nacht lang durch die Säle seiner Kölner Residenz. In der einen Hand hielt er den Stab des Hirten, die andere Faust umklammerte den Griff des Schwertes. Im Morgengrauen stand sein Plan fest.
„Kommt nach Köln", bat er die machthungrigen Fürsten. „Zum Wohle unseres Landes werde ich der Kaiserin die Herrschaft entreißen."

Einige Wochen später verließ ein prunkvoll verziertes Schiff den Kölner Hafen und glitt den Rhein hinab. An Deck stand Anno inmitten der fürstlichen Verschwörer. Die Fahrt sollte nicht lange dauern, das Ziel war die nahe Flußinsel Kaiserswerth. Dort auf der Kaiserpfalz verbrachten die Herrscherin und der unmündige König die ersten Sommertage des Jahres.

Nur Anno verließ das Schiff und wurde von der Regentin kühl, von Heinrich aber stürmisch begrüßt. „Lieber Anno! Wie schnell ist dein Schiff?"
„Für einen kleinen König zu schnell", antwortete der Erzbischof freundlich.
„Wie viele Ruderer gibt es unter Deck?"
„Mehr als ein kleiner König zählen kann."
„Darf ich mir das Schiff ansehen? Darf ich ein Stück mitfahren?"
Lächelnd wehrte Anno ab. „Solch ein Schiff ist nichts für einen kleinen König."
Heinrich stampfte mit dem Fuß auf. „Wie sprichst du mit deinem Herrscher? Ich bin zwölf Jahre alt und nicht zu jung, um mir dein Schiff anzusehen!" Anno verschränkte die Arme hinter dem Rücken. Zornrot schrie der junge König seine Mutter an: „Befiehl du es dem Bischof! Ich will mit seinem Schiff auf dem Rhein fahren! Sag es ihm!"
Die Kaiserin wagte nicht, dem mächtigen Kirchenfürsten einen Befehl zu erteilen, so bat sie: „Lieber Anno, erfülle dem Jungen seinen Wunsch. Er wird sonst keine Ruhe geben."
Widerstrebend willigte der Erzbischof ein. Heinrich jubelte und stürmte zum Ufer, sprang an Bord und bestaunte die Pracht des Schiffes. Ungeduldig wartete er, bis der breitschultrige Mann endlich auf Deck stand. „Legt ab!" befahl der Junge voller Spannung, und Anno gab dem Kapitän das Zeichen. Kaum hatte das Schiff die Mitte des Rheins erreicht, als das Wendemanöver begann. Rasch drehte sich das Boot, bis der Bug flußaufwärts zeigte.
„Rudert mit aller Kraft!" Entschlossen preßte der Erzbischof beide Fäuste aneinander. Seine Rufe trieben die Männer an, bestimmten den Schlag der Ruderblätter, und immer schneller zerschnitt der Bug das Wasser. Wellen schlugen an der Bordwand hoch, daß Gischt über die Reling spritzte und die Fürsten sich an den Aufbauten festhalten mußten. Wie ein Fels stand Anno auf den Planken, und seine Stimme schallte bis zu den Ufern hinüber.
Erst lachte und klatschte der junge Heinrich, doch dann ließ er die Arme sinken, wandte den Kopf, und endlich begriff er. „Ich will zurück. Ich will nicht nach Köln!"
Schnell packten ihn zwei der Fürsten, versuchten den Tobenden zu bändigen. Heinrich trat dem einen gegen das Schienbein, dem anderen so heftig auf den Fuß, daß der adelige Herr laut aufschrie und

den Griff lockerte. Der kleine König riß sich los, rannte zum Heck und stürzte kopfüber in den Fluß. Die Strömung riß ihn mit. Er konnte sich nicht über Wasser halten, schlug wild mit den Armen, versank und tauchte wieder aus den Wellen auf.
„Rettet meinen König!"
Anno hob einen der tatenlos zuschauenden Fürsten hoch und warf ihn über Bord. Erst nach verzeifeltem Ringen gelang es dem Mann schließlich, den hilflosen Jungen wieder an Bord zu bringen.

„Ich werde Heinrich hier in Köln erziehen. Das habe ich seinem Vater versprochen." Nach der geglückten Entführung hatte Anno die Fürsten in den Festsaal seiner Residenz gebeten. Er ließ die rechte Hand auf den Schwertknauf sinken. „Er ist euer König und wird es bleiben! Dies schwöre ich. Und ihr werdet seine treuen Fürsten werden! Dies verspreche ich euch bei meiner Ehre. Bis Heinrich alt genug ist, werde ich für ihn die Regentschaft übernehmen."
Jetzt erst durchschauten die adeligen Herren den Plan des Kölner Erzbischofs. Nur zum Schein hatte er sich zu ihrem Anführer gemacht, nur um die Verschwörung gegen den unmündigen König zu verhindern. Die Fürsten lächelten nicht, als sie den Saal verließen. Niemand wagte es, diesem gefährlichen Mann zu widersprechen oder sich offen gegen ihn aufzulehnen.
Bei Anno erlernte Heinrich das Handwerk des Herrschens. Er achtete den strengen Lehrer und gehorchte ihm, liebte ihn aber nicht. Auch später, als Kaiser Heinrich IV., konnte er die Furcht vor dem Erzbischof nie ganz ablegen.

Wer Geld hat, strebt nach Macht! Die Kölner Bürgerschaft war durch den aufblühenden Handel reich geworden. Im Hafen der Stadt legten sogar englische Schiffe an und löschten ihre Ladungen, beluden die Frachträume mit neuen Waren und kehrten nach England zurück. Die Kaufleute Kölns hockten auf prallgefüllten Geldsäcken in den Kontoren, und dicke Zornadern schwollen an ihren Hälsen. Warum sollten sie immer noch den Befehlen des Erzbischofs gehorchen? Wieso mischte sich Anno in ihre Geschäfte ein, durchkreuzte die gut ausgetüftelten Pläne, mit denen sie die Dummen leicht und schnell um ihr Vermögen brachten? Oft schützte der Kirchenfürst sogar die Armen und Rechtlosen der Stadt! Außerdem

verlangte er von den Reichen zu hohe Abgaben, steckte ihr schönes Geld in den Bau neuer Kirchen!
„Köln hat längst genug Glockentürme!" murrten die Kaufleute. Ein kleiner Anlaß entfachte den Sturm der Empörung, ein Funke sprang in das Stroh der gutgefüllten Scheune, und Köln schrie auf. Die Reichen wollten ihre Stadt selbst regieren! Mit Waffen und Gebrüll belagerten sie den Dom, in dem sich Anno und seine Domherren verschanzt hatten.
„Amen." Nach dem kurzen Gebet erhob sich der Erzbischof und legte den Mantel ab. Im schwachen Licht der Kerzen schimmerten die Schuppenplatten seines Brustpanzers, und langsam streifte Anno die schweren Kettenhandschuhe an. „Schlagt die Bibel für eine Weile zu, und nehmt das Schwert", ermunterte der Kirchenfürst die zitternden Domherren. Doch den Ängstlichen fehlte der Mut. „Dann bleibt im Dom, so lange ihr könnt. Euch wird nichts geschehen. Die Dummköpfe da draußen wollen nur mich."
Anno eilte in das Seitenschiff des Doms, tauchte in einen schmalen Gang und entkam den Aufrührern wenig später durch eine geheime Pforte der Stadtmauer.
Ehe die Kaufleute bei Kaiser Heinrich um Hilfe bitten konnten, erschien der Erzbischof mit einem großen Heer vor den Toren Kölns. Kläglich brach der Widerstand in sich zusammen, denn kopflose Empörung allein genügte nicht, um die Macht eines so erfahrenen Mannes zu brechen.
Anno wollte keine Rache und versprach das Leben der Schuldigen zu schonen, wenn sie Reue zeigten und einen Teil ihres Vermögens der Kirche spendeten. Den Großmut des Erzbischofs nutzten viele der reichsten Kaufleute so, wie es reiche Kaufleute gerne tun. Sobald sie ihr Leben außer Gefahr wußten, verließen sie im Schutz der Nacht die Stadt und flohen zu Heinrich IV. Von ihm erhofften sie Unterstützung, um den Erzbischof doch noch zu entmachten. Sie verstanden nichts von Politik! Der Kaiser wagte nicht, sich in den Kölner Streit einzumischen, ihm war die Treue des mächtigen Kirchenfürsten wichtiger als das Geld der Krämer.
Kaum waren die Kaufleute aus der Stadt geflohen, als Anno ihnen den schrecklichen Bann der Kirche nachschleuderte: In alle Ewigkeit sollten sie von der Gnade ausgeschlossen sein, nie sollten sie nach Köln zurückkehren dürfen!
Nicht genug. Jetzt verlangten die Verbündeten des Erzbischofs

nach Rache, unbarmherzig fielen sie über die kleinen Kaufleute her, die in Köln geblieben waren und trieben sie durch die Straßen. Vergeblich versuchte Anno, das Morden zu verhindern. Die aufgebrachte Meute verstümmelte oder erschlug jeden Mann, der sich an dem Aufstand beteiligt hatte. In Köln blieb der süßliche Geruch von Blut.
Angewidert und enttäuscht wollte der Erzbischof nicht länger in seiner Residenz neben dem Dom wohnen. Nach einigen Wochen ließ er alle Unterlagen und Siegel zusammenpacken und in das Kloster nach Siegburg schaffen. Von hier aus regierte er streng und so gerecht, wie es ihm möglich war, über Köln und das Erzstift.

Nicht jeden kleinen Streit konnte Anno selbst schlichten. So hatte er aus der Kölner Bürgerschaft einige Männer bestimmt, die in seinem Namen zu Gericht sitzen sollten.
„Wehe dem Schöffen, der keine Gerechtigkeit walten läßt!" hatte Anno gedroht. Doch bald legten die selbstherrlichen Schöffen das Gesetz zu ihrem eigenen Vorteil aus und bereicherten sich an den Armen.
In ihrer Not wanderte eine Witwe nach Siegburg und beklagte sich bitter über die Willkür der Kölner Richter.
„Ich werde dir und den Armen in Köln helfen", versprach der schon alte Erzbischof. Entschlossen befahl er die Schöffen zu sich, verhandelte selbst den Streit der Witwe und gab ihr das, was ihr nach dem Gesetz zustand.
„Auch euch werde ich geben, was ihr verdient!" Anno blickte die Schöffen an. Vor seiner Kälte wichen die selbstgerechten Herren zurück. Ohne Erbarmen befahl der Erzbischof, den Schöffen die Augen auszustechen, nur dem letzten ließ er ein Auge. „Du führst die Blinden wieder zurück nach Köln!" Noch einmal preßte der alte Mann seine Fäuste aneinander. „Sorge dafür, daß an deinem Haus und an allen Häusern der ungerechten Schöffen eine steinerne Menschenfratze angebracht wird. Jeder Bürger der Stadt soll wissen, wo die schlechten Menschen wohnen."

Am Abend seines Lebens legte sich Erzbischof Anno erschöpft auf dem Lager zurück. Gicht plagte ihn, und erst spät befreite der Schlaf ihn von seinen Schmerzen.
Der Traum warf Anno einen weißen Mantel über und öffnete die

Flügeltüren zu einem hellen Saal. Auf reichverzierten Stühlen saßen die Bischöfe der Jahrhunderte. Sie trugen Gewänder aus feinstem Tuch, reingewaschen durch die Gnade Gottes.
Weit am Ende der Tafel entdeckte Anno einen freien Stuhl und rief voll Sehnsucht: „Ich bin erschöpft. Auf diesem Platz will ich mich für die Ewigkeit ausruhen!"
Er betrat den Saal, ging vorbei an Maternus, an vielen Hirten der Kirche, vorbei an Hildebold und wollte sich neben Bischof Arnold von Worms niederlassen. Alle Kirchenväter blickten auf und hoben die Augenbrauen. Anno stockte. „Ist dieser Platz schon besetzt?"
Bischof Arnold schüttelte den Kopf und führte den müden Mann von der Tafel weg. „Dieser Stuhl ist für dich bestimmt. Doch auf deinem Herzen lastet ein dunkler Fleck. Er ist so groß, daß er durch dein Gewand hindurchschimmert. Geh wieder zurück, und reinige dich mit Versöhnung."
Am nächsten Morgen erhob sich der Erzbischof noch einmal und ließ im ganzen Land nach den Kölner Kaufleuten suchen, die er durch den Bann von der Gnade ausgeschlossen hatte. Voll Reue kehrten die Verstoßenen in die Stadt zurück. Anno nahm ihnen den Bannfluch von den Schultern und gab ihnen die Heimat wieder.
So ausgesöhnt durfte Erzbischof Anno im Jahre 1075 an der Tafel der Hirten Platz nehmen.

Die Heiligen Drei Könige

Drei kann ich
auf meinem Kopf tragen.

Reinald, du bist viel zu klein!" Die Schüler der Stiftsschule von Hildesheim schoben den Jungen mit der spitzen Nase einfach zur Seite, kletterten an der Mauer hoch und sprangen in den Obstgarten des Klosters.
„Ich mag sowieso keine unreifen Äpfel!" Zornig starrte Reinald den Kameraden nach, dann blickte er zu Boden. Immer spotteten sie: „Du bist zu klein! Du bist viel zu schwach!" Oder sie zogen an seinen dunklen Haarlocken. „Reinald mit dem großen Kopf, gib acht! Gleich fällt der Kopf dir von den Schultern!"
Der schmächtige Junge bückte sich, wählte drei Steine aus und legte sie langsam und sorgfältig übereinander auf seinen Kopf. Hocherhoben ging Reinald an der Klostermauer entlang, balancierte den Turm und stärkte sich nach jedem Schritt mit einem Satz. „Drei trage ich auf meinem Kopf. Ich bin nicht zu klein. Ich bin nicht zu schwach. Ich bin Reinald von Dassel."
Abends im Bett wartete er, bis alle Kameraden schliefen, dann setzte er sich auf. „Keiner von euch hat so viel Platz in seinem Kopf wie ich", flüsterte er und reckte die spitze Nase in die Höhe.
Der junge Reinald benutzte seinen Kopf, lernte gierig und dachte nach. Als Mann häufte er ein Amt auf das andere, und sein Turm, gebaut aus Klugkeit, Geschick und Redlichkeit, ragte weit in den Himmel des deutschen Reiches.

Im Jahre 1156 suchte Kaiser Friedrich I. nach einem umsichtigen Kanzler, der mit ihm gemeinsam das Staatsschiff führen konnte. Kreuzzüge, der unselige Streit mit dem Papst, Kriege gegen die Nachbarländer und der fortwährende Ungehorsam der Stadt Mailand, das waren nur einige Klippen, die vor dem Bug des kaiserlichen Schiffes aufragten. Die Wahl fiel auf den besten Mann, auf Reinald von Dassel.

Nachdem Friedrich I. mit seinem neuen Kanzler alle politischen Aufgaben besprochen hatte, erhob er sich. „Du bist mir sehr nahe, lieber Reinald. Wie du bin auch ich meinen Verbündeten ein treuer Freund, meinen Feinden ein unerbittlicher Gegner und meinem Volk ein menschliches Vorbild." Aufgerichtet stand der Kaiser neben seinem Kanzler und musterte ihn. „Im Vertrauen, Reinald." Ein breites Lächeln erhellte das Gesicht des Monarchen. „Auch in der Gestalt ähneln wir uns sehr. Beide sind wir etwas zu klein geraten und nicht mit Schönheit beschenkt worden."

„Aber Herr!" wehrte Reinald ab. „Meine Nase ist spitz, mein Kopf zu groß, mein Äußeres kann sich mit dem Euren nicht messen."

„Sieh mich doch mit ehrlichen Augen an, Kanzler! Mein Haar ist so hell wie das fahle Stroh. Meine Haut ist bleichsüchtig und so dünn, daß jeder Sonnenstrahl sie gleich verbrennt. Warum, glaubst du, trage ich diesen wilden Bart?"

Reinald hob die Schultern. „Sag es mir, Herr."

„Dieses rote Gestrüpp soll mein Gesicht vor der sengenden Sonne schützen, wenigstens die Wangen und das Kinn. Die ungehobelten Italiener haben mir sogar den Spottnamen ‚Barbarossa' gegeben. Selbst an meinem Hof nennen mich die Damen und Hofschranzen hinter der vorgehaltenen Hand nur ‚Kaiser Rotbart'." Friedrich I. wurde ernst. „Zurück zu unsern Pflichten. Beginnen wir mit der Arbeit."

Nach Streit und zähen Verhandlungen waren die Städte Oberitaliens im Jahre 1159 endlich bereit, die jährlichen Abgaben pünktlich an den Kaiser zu bezahlen. „Nur deinem Geschick ist dieser Erfolg zu verdanken", lobte der Kaiser seinen umsichtigen Kanzler.

Wenige Wochen später rebellierte jedoch die größte Stadt der Lombardei, das reiche Mailand, wieder gegen die kaiserliche Ordnung.

„Zum letzten Mal werden wir es in Frieden und mit Vernunft versuchen!" Eine steile Falte stand dem Monarchen auf der Stirn. „Du wirst als mein Unterhändler wieder nach Mailand gehen. Überzeuge diesen halsstarrigen Bürgermeister. Er muß, wie alle anderen, den Tribut an meine Krone entrichten. Wenn er sich deinen Worten verschließt, werde ich die Stadt mit Gewalt zum Gehorsam zwingen."

Ohne zu zögern ließ Reinald sein Pferd satteln und ritt, nur in Be-

gleitung des Pfalzgrafen Conrad, durch die oberitalienische Ebene nach Mailand.
An einem warmen Frühlingsnachmittag erreichten sie die Stadt. Buntes Treiben empfing sie. In den Straßen grüßten vergnügte Menschen. Kinder und Hunde liefen neben den Pferden her und begleiteten die beiden Fremden bis zum Palast des Bürgermeisters.
„Ihr schon wieder!" schrie der riesenhafte Mann und ließ seine Hände auf die Tischplatte fallen, Hände groß und breit wie Teller, behaart bis zu den Fingern. Kaum hatte Reinald den Grund seines Besuches genannt, als der Bürgermeister den Tisch zur Seite schleuderte. „Dieser Barbarossa bekommt nicht ein Goldstück von mir. Basta!"
„Aber", wandte Reinald ein und wollte mit seiner politischen Kunst beginnen. Doch weiter kam er nicht. Dieses kleine erste Wort ließ den Vulkan ausbrechen. Wutschäumend schlug der Bürgermeister die Köpfe der Unterhändler gegeneinander, bis ihnen die Sinne schwanden. Er packte die Armen und warf sie wie zerstörte Puppen vor das Tor des Palastes. Regungslos blieben Reinald und der Pfalzgraf im Straßenstaub liegen. Mit zwei gellenden Pfiffen befahl der Bürgermeister einige Bettler heran. „Ihr könnt sie haben! Aber ihre Pferde gehören mir."
Gierig fielen die Bettler über die Wehrlosen her, plünderten sie und rissen ihnen schließlich die Kleider vom Leib.

Erst in der Dämmerung rührten sich die Zerschlagenen wieder, mühsam krochen sie an der Mauer des Palastes entlang und verbargen sich in einer engen Gasse.
„Das ist kein Mensch", stöhnte der Pfalzgraf und hielt seinen Kopf. Reinald blutete aus einer Stirnwunde, und Blut tropfte ihm aus der Nase. „Das ist ein blindwütiger Stier", flüsterte er und zog sich qualvoll an einer Hausmauer hoch. „So halbnackt und geschwächt kommen wir nicht aus der Stadt. Die Wächter werden uns fangen und zu diesem Untier zurückschleppen. Komm Pfalzgraf, es muß auch in diesem Mailand barmherzige Christenmenschen geben."
Ganz in der Nähe der Stadtmauer fanden die Unglücklichen ein Kloster. Mit letzter Kraft zerrte Reinald an der Glocke, dann fiel er bewußtlos zu Boden.
Als er wieder die Augen öffnete, sah er einen riesigen Schatten an der Decke eines Gewölbes. Halb richtete er sich auf. Gleich neben

ihm lag der Pfalzgraf Conrad. Im unruhigen Schein einer Laterne erkannte Reinald die Gestalt einer Nonne. „Meine Nase", stöhnte er und sank zurück auf das Strohlager.
„Sie ist noch sehr dick, aber nicht gebrochen." Die fromme Frau beugte sich über ihn. „Ich bin die Äbtissin dieses Klosters. Ich weiß, wer euch so zugerichtet hat. Der Bürgermeister ist mein kleiner Bruder." Sie seufzte tief. „Er ist so dumm und störrisch wie ein Esel. Manchmal möchte ich ihm die Vernunft gründlich in den Kopf prügeln." Wieder seufzte sie. „Aber er ist mein Bruder, und ich liebe ihn."
„Du trägst ein schweres Los", antwortete Reinald ernst, dann versuchte er aufzustehen. „Wir müssen fort, ehe man uns entdeckt."
Sanft drückte ihn die Äbtissin wieder zurück. „Es besteht keine Gefahr. Allein die drei Könige und ich wissen, daß ihr hier seid."
„Welche Könige?" Reinald verstand nicht.
Lächelnd zeigte sie zu den hölzernen Schreinen in der Mitte des Raums hinüber. „Dort ruhen die Gebeine der Heiligen Drei Könige. Ich habe euch auf meinen Armen in die Grabkammer hinuntergetragen. Keine meiner Mitschwestern weiß von euch. Hier seid ihr in Sicherheit. Und in der Nähe der Heiligen werdet ihr schnell wieder zu Kräften kommen."
Reinald wollte noch fragen, warum dieser wunderbare Schatz der Christenheit in dieser dunklen Grabkammer aufbewahrt wurde, doch die Müdigkeit übermannte ihn.
Schon am nächsten Morgen fühlten sich der Kanzler und auch der Pfalzgraf Conrad erfrischt und stark genug, um aufzustehen. Ohne Schmerzen konnten sie die Mönchskutten überstreifen, die ihnen die fürsorgliche Äbtissin bereitgelegt hatte.
Nachdenklich blickte Reinald auf die Särge der drei heiligen Weisen. „Unsere schnelle Genesung verdanken wir Eurer Güte." Zur Äbtissin gewandt sprach er weiter: „Ich bin tief in deiner Schuld. Hast du einen Wunsch?"
„Ihr steht vor mir wie zwei Bettelmönche! Doch wärst du der Kaiser, würde ich dich um einen Dom bitten, in dem die drei Könige würdevoll auf die Ewigkeit warten könnten. Jeden Tag bitte ich Gott um dieses Wunder. Die Wege des Herrn sind verschlungen, und irgendwann wird er mir diesen Wunsch erfüllen." Die fromme Frau reichte Reinald zum Abschied die Hand. „Ich habe dir aus Nächstenliebe geholfen. Du schuldest mir nichts."

Rasch führte sie die Männer zu einer schmalen Tür an der hinteren Wand der Grabkammer. Durch einen geheimen Gang schlichen Reinald und sein Begleiter unter der Stadtmauer her und tauchten in einem dornigen Gestrüpp, weit vor der Stadt, wieder auf.

Nach Tagen erreichten sie endlich das Heerlager des Kaisers. Mit großen Ehren empfing Friedrich I. seinen Kanzler.
„Warum dieses Fest?" fragte Reinald verwundert. „Ich habe meine Pflicht nicht erfüllt."
Der Kaiser saß aufrecht in dem Feldherrenzelt. „Du hast schlechte Nachricht aus Mailand gebracht. Dich trifft keine Schuld an dem Mißerfolg. Ich werde diese Stadt mit Gewalt in die Knie zwingen." Damit legte Friedrich das Schwert zur Seite. „Doch aus Köln gibt es eine gute Nachricht, lieber Freund. Während deiner Abwesenheit haben dich die Domherren, die Bürgerschaft und alle Ritter einstimmig zum neuen Erzbischof gekürt. Diese Einmütigkeit ist eine große Ehre für dich. Gerade die Kölner sind sehr wählerisch geworden. Unzufrieden haben sie sich in vergangener Zeit gegen ihre Erzbischöfe aufgelehnt. Dich aber rufen sie mit lauter und gemeinsamer Stimme! Es war mein innigster Wunsch, auch ich kenne keinen Mann, der dieses Amt würdiger bekleiden könnte. Reise nach Köln und zeige dich deiner Stadt, dann kehre zu mir zurück. Gemeinsam müssen wir die Rebellen von Mailand in den Gehorsam zwingen."
„Ich komme zurück", schwor Reinald. „Wie du habe auch ich noch nie mein Wort gebrochen."

In Köln wurde der Turm seiner Ämter mit dem Bischofshut gekrönt. Reinald versprach der Bürgerschaft und allen Christen des Erzstifts, daß er ihnen ein guter Hirte sein wolle.
„Wenn Gott gnädig ist und mir einen gerechten Weg zeigt, werde ich unserer Stadt einen großen Schatz mitbringen!" rief er den Kölnern zum Abschied zu und kehrte in Begleitung von 300 Rittern nach Italien zurück.

Kaiser Barbarossa hatte Mailand eingeschlossen und Monat für Monat den Würgegürtel enger gezogen. Zwei Jahre schon dauerte die Belagerung, und in der Stadt verhungerten die Menschen.
„Denke ich an die unschuldigen Kinder, blutet mir das Herz."

empfing Friedrich seinen Kanzler. „Dieser Bürgermeister muß doch irgendwann dem Elend ein Ende machen."
Es dauerte noch zehn qualvolle Tage. Dann endlich schwenkten die Stadtsoldaten weiße Fahnen auf der Mauer.
„Kein Stein soll in Mailand auf dem anderen bleiben!" Der Entschluß des Kaisers stand fest. „Die Bewohner dürfen die Stadt verlassen und nur das mitnehmen, was sie tragen können. Kein Blut soll fließen. Doch diesen Bürgermeister will ich zur Strafe und Abschreckung hängen sehen!" Er gab Reinald den Auftrag, die Übergabe der Stadt durchzuführen.

Die ausgehungerten Bewohner Mailands umjubelten den Kölner Erzbischof, als er ihnen Leben und Freiheit versprach und waren mit den harten Bedingungen einverstanden. „Morgen bei Sonnenaufgang müßt ihr die Stadt verlassen!"
Die kaiserlichen Soldaten umstellten den Palast, stürmten in die Säle und Zimmer, doch nirgendwo konnten sie den Bürgermeister aufspüren. Der Palast war leer.
Sofort ließ Reinald die Bewaffneten vor dem Kloster Posten beziehen. „Wartet hier!"
Er zog an der Glocke, läutete heftiger, bis ihm die Äbtissin öffnete und ihn einließ. „Wo ist er?"
Die fromme Frau sah Reinald prüfend ins Gesicht. „Deine Nase ist gut verheilt. Wie spitz sie ist, lieber Freund!"
Ärgerlich wandte er sich ab. „Ich bin zwar der Erzbischof von Köln und sicher ein gerechter Mann. Hier bin ich jetzt als Stellvertreter meines Kaisers und verlange, daß du mir den Bürgermeister auslieferst!"
Stumm führte die Äbtissin den Erzbischof in eine Kammer. Auf dem Boden hockte eine ausgemergelte Gestalt, nur Haut umspannte die Armknochen, selbst die Haare auf den Handrücken waren weiß. „Das ist aus meinem Bruder geworden. Der Hunger hat ihn ausgezehrt."
Matt hob der Bürgermeister den Blick, dann starrte er wieder hohläugig vor sich hin.
Voll Bedauern schüttelte Reinald den Kopf. „Ich fühle keine Rache mehr. Doch, es gibt keine Rettung. Er muß für seinen Ungehorsam büßen."
„Laß uns verhandeln." Die Äbtissin führte Reinald in die Grabkam-

mer der Könige. Weit breitete sie die Arme über einen der Schreine und begann zu sprechen, sie flüsterte, tuschelte und sah den Erzbischof erwartungsvoll an. Entschieden wehrte Reinald ab. Doch die fromme Frau ließ nicht locker, sprach, redete und überredete schließlich den ehrbaren Mann.
„Also gut. Nein, doch nicht! Wenn, aber?" Reinald rieb langsam die Spitze seiner Nase. „Ich werde meinen Kaiser nicht belügen. Ich werde ihm nur nicht alles sagen." Feinsinnig lächelte der Erzbischof. „Ich bin mit deinem Plan einverstanden."
„Gott ist groß!" Die Äbtissin legte die Hände zusammen. „Seine Wege sind verschlungen und führen doch zum Ziel. Mein größter Wunsch geht in Erfüllung, und auch das Leben meines Bruders wird gerettet werden!"

Lange bevor der neue Tag anbrach, verließen zwölf Kölner Ritter in aller Heimlichkeit das kaiserliche Lager und näherten sich der Stadtmauer. Unbemerkt verschwanden sie in einem dornigen Gestrüpp, schoben eine Steinplatte zur Seite und stiegen in den geheimen Klostergang hinunter.
Der Mond verblaßte, noch schimmerte der Morgenstern. Plötzlich brach das laute Konzert der Zikaden ab. Aus dem Dornengebüsch wurden drei Särge ins Freie geschoben, die Ritter folgten geduckt. Je vier hoben eine Totenlade auf ihre Schultern, und der Zug setzte sich in Bewegung. Nicht zurück zum Heerlager, die Kölner Ritter strebten auf die Alpen zu. Kaum hatten sie einen Gleichtakt gefunden, als sie schneller gingen und schließlich im Laufschritt davoneilten.
Auf den Ästen des dornigen Gestrüpps rieben die Zikaden wieder ihre harten Hinterbeine an den Schuppenleibern und setzten das Konzert fort.

Gleich nach Sonnenaufgang öffneten die Bewacher das große Tor von Mailand. Langsam quälte sich der Menschenstrom aus der Stadt heraus und schleppte sich durch die Hauptgasse des Heerlagers. Einige Bürger drohten unter der Last ihrer Habseligkeiten zusammenzubrechen.
Mit unbewegtem Gesicht stand Friedrich Barbarossa auf dem kaiserlich geschmückten Podest. Dicht neben ihm beobachtete Reinald von Dassel den Auszug der Mailänder. Unruhe entstand im Kreis

der wartenden Herzöge und Fürsten. Pfalzgraf Conrad trat dicht an das Podest heran. „Mein Kaiser, wem gehören die Goldtruhen und die anderen Schätze, die noch in der Stadt liegen?“
„Geduld, meine Freunde. Die Beute wird unter euch Tapferen geteilt. Noch vor den Fürsten und Edlen meines Heeres allerdings“, jetzt lächelte Friedrich seinem Kanzler zu, „noch vor allen anderen, darf sich der Erzbischof Reinald das nehmen, was er begehrt. Ihm schulde ich den größten Dank.“
Reinald fuhr leicht mit dem Finger über den Rücken seiner Nase. „Ich möchte nicht viel. Mit deiner Erlaubnis Herr, gib mir nur einen Schatz, den ich in drei Holzkisten nach Köln bringen kann.“
Die adeligen Herren staunten und vergaßen, die Münder zu schließen. Diese Bescheidenheit erschreckte sie tief.
Freundlich legte Friedrich seine Hand auf die Schulter des Kanzlers. „Lieber Reinald, du beschämst mich. Deine Bitte sei dir gewährt. Ich wollte dir für deine unermüdliche Treue ein Vermögen schenken, mehr als drei Truhen fassen können! Hast du noch einen Wunsch? Was es auch sei, ich werde ihn dir erfüllen.“
Voller Mitleid sah Reinald auf den armseligen Zug der Mailänder hinunter. „Ach Herr, beim Anblick dieses Elends fällt es mir schwer, noch eine Bitte auszusprechen.“
In gespielter Strenge hob der Kaiser den Finger. „Reinald. In Köln darfst du der bescheidene Erzbischof sein, wenn du möchtest. Hier aber bist du mein Kanzler, mein Stellvertreter! Was ist dein Wunsch?“
„Gut, Herr. Dein Wille ist mir Befehl. Gib mir noch das, was die Äbtissin des Klosters um den Hals trägt.“
Mit offenem Mund standen die Fürsten und Herzöge und staunten weiter.
Kaiser Friedrich schmunzelte. „Deine Genügsamkeit verwundert mich. Du sollst das Kleinod der Äbtissin haben, alles, was sie um den Hals trägt, gehört dir.“
Gegen Mittag verließen nur noch einige Nachzügler die Stadt. Ganz zuletzt trat eine alte Frau aus dem Schatten des Tores. Die Last auf ihren Schultern drückte sie beinahe zu Boden. Schritt für Schritt näherte sie sich dem Heerlager und dem kaiserlichen Podest. Schon erkannte Pfalzgraf Conrad, wer die Alte war und was sie so niederdrückte. „Das ist die Äbtissin! Sie schleppt einen Mann!“
„Wer ist dieser Mann?“ Der Kaiser beugte sich vor.

Tief atmete Reinald ein. „Er ist das Kleinod der frommen Frau. Sie trägt ihren Bruder um den Hals. Das ist der Bürgermeister von Mailand."
Eisiges Schweigen drohte in der Mittagshitze. Gefährlich wuchs die Falte auf der Stirn Barbarossas bis in die hellen Haare hinein. „Der Bürgermeister muß für seinen Ungehorsam büßen!"
Schwankend unter ihrer Last stand die Äbtissin vor dem Podest. Sie konnte den Kopf nicht heben.
Reinald zeigte dem Kaiser seine leeren Hände. „Was er auch getan hat, der Hunger hat ihn zerbrochen. Diesen Mann trägt die Äbtissin um den Hals. Er gehört mir. Ich habe das Wort meines Kaisers."
Nur langsam erwärmte sich der Blick Barbarossas. Nach einer Weile faßte er die Hände des Freundes. „Du bist ein kluger Mann. Deine große Bescheidenheit hatte mich verwirrt. Ich stehe zu meinem Wort, der Bürgermeister gehört dir." Friedrich zog seinen Kanzler dicht an sich heran. „Sag mir noch eins: Was liegt in den drei Holzkisten, die du nach Köln tragen willst?"
Mit klarer Stimme antwortete Reinald: „Der größte Schatz der Stadt Mailand. Du hast mir in deiner Güte die Gebeine der Heiligen Drei Könige geschenkt."
Die Herzöge und Fürsten schlossen die Münder.
Hochaufgerichtet standen sich Kanzler und Kaiser gegenüber, keiner überragte die Gestalt des anderen. „Du bist mir ebenbürtig, Reinald." Friedrich ließ die Hände sinken. „Wie gut, daß du mein Freund bist und nicht mein Feind."
Schnell stieg Reinald von dem Podest hinunter, nahm der Äbtissin den abgemagerten Bürgermeister von den Schultern und gab ihr den Bruder als Geschenk zurück. „So steht es geschrieben: Gottes Wege sind verschlungen und führen doch zum Ziel."

Im Juli des Jahres 1164 kehrte Erzbischof Reinald mit dem großen Schatz der Christenheit nach Köln zurück. Die Gebeine der Heiligen brachte er selbst in den Dom und bahrte sie auf.
Damals, an der Klostermauer hatte der junge Reinald gesagt: „Drei kann ich tragen." Er ahnte nicht, daß sein Geschick und seine Kraft einmal ausreichten, um sogar die Heiligen Drei Könige nach Köln zu tragen.

Hermann Joseph

Für dich
ist das zwölfte Tor weit geöffnet.

Wer schenkt, wird beschenkt. Das widerfährt dem einfachen Mann wie dem mächtigsten König, auch wenn dieses Glück oft wundersame Wege findet. Wer schenkt, wird beschenkt, das galt damals und gilt noch heute.
Damals waren die drei Weisen aus dem Morgenland nach Bethlehem zum Stall gepilgert und hatten dem Kind in der Krippe Weihrauch, Myrrhe und Gold gebracht.
Seit dem Jahre 1164 nun ruhten ihre Gebeine in Köln, die lange Wallfahrt der drei Heiligen hatte ein Ende gefunden. Von nah und fern reisten jetzt Pilger zu ihrer Ruhestätte und brachten den Königen wertvolle Geschenke dar. Kaum faßte der enge Dom den Ansturm der Gläubigen, und kaum faßten die Truhen der Stadt die Schätze aus Gold und Silber! Zufrieden strahlten die Kaufleute, die Wirte rieben sich die Hände, und die Handwerksmeister sangen bei der Arbeit. Selbst Kerzenzieher, Wollweber und Flickschuster konnten ihren Kindern satt zu essen geben.
Köln erblühte, seine zahlreichen Kirchtürme ragten stolz in den Himmel, und schon von weitem grüßte das vielstimmige Glockengeläut die herannahenden Pilgerscharen.
Doch ein Rosenstrauch benötigt den Schutz und die Pflege eines Gärtners, sonst verwildert er und seine Blüten welken rasch.

Der neue Erzbischof kümmerte sich wenig um das Wohlergehen der Stadt. Mal stritt er mit dem Kaiser, mal mit dem Papst, war mehr Feldherr als Gärtner, führte kostspielige Kriege und zog den Krieg nach Köln!
Besorgt rauften sich die Männer der Bürgerschaft die Haare. Längst war die Stadt über die alte Römermauer hinausgewachsen, und beinah schutzlos waren zahlreiche Häuser, Klöster und Kirchen den heranziehenden Heeren ausgeliefert.

„Wir werden selbst für unsere Stadt sorgen!" empörten sich die Kölner und entwarfen eine riesige Befestigungsanlage. Die neue Mauer sollte weit oben am Rheinufer beginnen, das ganze Stadtgebiet umschließen und weit unten das Rheinufer wieder erreichen. Zwölf Tore und fünfzig Türme waren geplant!
„Was kümmern uns die Kriege des Erzbischofs? Wir Kölner wollen in unserer Stadt in Ruhe und Wohlstand leben, gleichgültig was draußen im Reich geschieht!"
Wie gern hätten die Männer des Rates jedem streitsüchtigen Erzbischof verboten, die Stadt zu betreten, doch das wagten sie nicht. Noch nicht!
Still ruhten die Heiligen Drei Könige in dem engen Dom. Sie hatten den Reichtum nach Köln gebracht, mit dem jetzt die Sicherheit ihres ewigen Schlafes und der feste Schutz der Bürger gebaut werden konnte.

Im Jahr 1200 wurde die alte Römermauer zum Teil abgetragen, neue Gräben wurden gezogen, Steine herangeschleppt, und die Bauleute spuckten in die Hände.
„Was macht ihr da?"
Eilig kletterte Hermann Joseph den Erdwall hinauf und versperrte einem Arbeiter den Weg.
„Wir bauen die neue Schutzmauer."
Mit lehmverschmierten Händen wischte der Kleine die blonden Locken aus dem Gesicht. „Warum? Was wollt ihr denn beschützen?"
„Solche Dreckfinken wie dich."
„Ich bin schon sechs Jahre groß! Ich brauche keine Mauer mehr."
„Na gut." Der Arbeiter zeigte zu den vielen Glockentürmen hinüber. „Wir bauen die Stadtbefestigung, damit niemand die Ruhe der Heiligen und der Muttergottes stören kann."
Hell strahlten die Augen in dem schmutzigen Gesicht. „Das ist gut! Das werde ich morgen gleich meiner Muttergottes sagen. Das wird sie bestimmt erfreuen."
Für einen Moment stutzte der Mann, dann lachte er und stieß Hermann Joseph leicht die Faust gegen die Brust. „Sag du es nur deiner Muttergottes, aber jetzt steigst du sofort von dem Wall hinunter, sonst mauern wir dich aus Versehen noch in den Torbogen ein."

Voller Ungeduld zeigte Hermann Joseph am nächsten Morgen der

Mutter sein gewaschenes Gesicht und streckte ihr die sauberen Hände hin. Nach Brot und Milch schlüpfte er durch die niedrige Tür des Wohnraums und lief in die Werkstatt. Der Schuster lachte seinem Sohn entgegen, legte das Leder zur Seite und nahm den Jungen in den Arm. Leicht rieb er sein bärtiges Kinn an der weichen Wange. „Warum rennst du so? Freust du dich so auf die Schule?"
Hermann Joseph zögerte, dann nickte er stolz. „Ich kann schon drei Gebete." Fest drückte er den Vater an sich und konnte endlich das schmale, nur aus Holz und Lehm gebaute Haus verlassen. Ohne sich noch einmal umzusehen, rannte Hermann Joseph über die Gasse und verschwand gleich gegenüber durch die Drei-Königs-Pforte.

Vor ihm erhob sich die Marienkirche. Der Schulraum des Stifts St. Maria im Capitol befand sich in den angrenzenden Gebäuden.
Es war noch Zeit genug. Mit dem Rücken stemmte sich der Junge gegen das schwere Kirchenportal und huschte durch den Spalt. Kühl empfing ihn die Stille des hohen Raums. Auf Zehenspitzen schlich Hermann Joseph zum Seitenschiff hinüber. Sein Gesicht leuchtete auf. Sie waren noch da, waren nicht einfach weggegangen! Er legte den Kopf leicht zur Seite, sein Blick fand die Augen der Mutter Maria, und er lächelte zu ihrem Lächeln hinauf. So ging er weiter, bis er dicht vor den Füßen der Heiligen stand. Maria saß erhöht und hielt ihren Sohn auf den Knien.

Weit bog Hermann den Kopf zurück, schloß die Augen zu einem schmalen Spalt, so blinzelte er zu den geschnitzten Figuren empor. Durch den Vorhang seiner Wimpern schienen sich die Gesichter zu bewegen, und wenn er die Luft anhielt, hörte er den Atem des kleinen Jesus. Seine Muttergottes und das Kind lebten.

„Guten Morgen. Ich muß dir etwas Wichtiges sagen: Wir bauen eine riesengroße Mauer für dich. Sie ist noch nicht fertig, aber du kannst mit deinem Sohn ganz in Ruhe hier sitzen bleiben."

Oft war Hermann Joseph nachts aus dem Schlaf geschreckt und hatte angstvoll daran gedacht, daß die heilige Mutter aufgestanden und mit ihrem Sohn in eine andere Kirche gegangen wäre. Die Unruhe blieb in ihm bis zum Morgen, bis er endlich wieder vor ihnen stand. Jeden Tag sagte er die gelernten Gebete auf, erzählte Neuigkeiten aus der Stadt und brachte Spielzeug mit. Nie sollte es den beiden hier in dem Seitenschiff langweilig werden, nie durften sie ihn verlassen.

Maria lächelte.
„Weißt du was, Jesus?“ rief Hermann Joseph leise. „Wir gehen zusammen zu der Baustelle!“ Weit breitete er die Arme aus. „Solche Steinklötze, sag ich dir. Frag doch mal, ob du mit raus darfst.“
Das Kind blickte seine Mutter an, doch Maria lächelte nur.
„Ihr könnt es euch ja überlegen.“ Langsam öffnete Hermann Joseph wieder die Augen. „Ich muß jetzt zur Schule. Heute nachmittag komme ich noch mal wieder.“
Er wandte sich um und stürmte zum Ausgang. Die Sohlen seiner Sandalen klatschten auf den Steinboden.

Nach dem Mittagessen führte die Frau des Schusters ihren Sohn zu einem Korb. „Ich habe eine Überraschung für dich.“ Sie deckte das Tuch ab und nahm einen dicken roten Apfel heraus.
„Heute ist doch kein Sonntag!“ staunte Hermann Joseph und sah den Apfel nur an.
Die Mutter strich ihm über die Locken. „Der Vater hat heute ein Paar Schuhe verkauft, und ich war auf dem Markt. Nimm ihn. Heute ist ein Festtag.“
Mit beiden Händen ergriff der Junge den Apfel, drückte seine Nase an das glänzende Rot und sog den Duft in sich hinein. „Ich esse dich noch nicht“, flüsterte er. „Erst wenn ich es gar nicht mehr aushalte, dann beiße ich dich.“
Hermann Joseph stopfte Spielzeug in seine Kitteltasche, legte die rotbackige Köstlichkeit dazu und lief nach draußen, lief zur Marienkirche hinüber. Im Seitenschiff kniete er sich vor seiner Muttergottes hin. Vorsichtig hob er den Apfel aus der Tasche und setzte ihn neben sich auf den Steinboden. Jetzt kramte er in seinen Spielschätzen. Zwei glitzernde Steine wählte er aus. Blinzelnd reichte er einen der beiden Kieselsteine dem kleinen Jesus hinauf. „Der ist für dich.“
Doch stumm blickten die Mutter und das Kind zu ihm herunter.
Hermann Joseph besaß zwei glattgeschnitzte Holzkugeln, die schönere bot er an. „Hier, ich schenke sie dir.“
Doch stumm lächelten die Gesichter.
Sein größter Schatz waren zwei bunte Tonwürfel. „Du kannst einen haben, wenn du willst. Ich teile mit dir.“
Doch stumm und unbeweglich saß der Kleine auf dem Schoß seiner Mutter.

Hermann Joseph kniete sich zu seinem Apfel. Mit dem Finger schaukelte er den kostbaren Schatz hin und her, schaukelte lange, schließlich faßte er den Apfel mit beiden Händen, stellte sich auf die Zehenspitzen und reckte ihn weit über seinen Kopf. „Da hast du meinen Apfel!"
So blieb Hermann Joseph. Mit einem Mal wurde ihm der Apfel aus den Händen genommen. „Ich danke dir, mein Junge."
Durch den Vorhang seiner Wimpern sah er zu, wie Maria den roten Apfel ihrem Sohn reichte und Jesus kräftig hineinbiß.
„Du hast ein gutes Herz, Hermann Joseph", sagte die Muttergottes dankbar. „Hab keine Furcht mehr. Wir werden dich nie allein lassen."
Das Glück tropfte warm in den Jungen und erfüllte ihn ganz. „Freust du dich, weil wir eine Mauer für dich bauen?"
Maria lächelte.
Entschlossen stemmte Hermann Joseph die Hände in die Hüften. „Ich werde dir immer genau erzählen, wie hoch sie schon ist. Das verspreche ich. Und ich lerne so viel, bis ich ein Priester bin, dann kann ich euch besuchen, wann ich will."
Hermann Joseph hielt Wort, und bald wurde er der Stolz der Stiftsschule. Jeden Tag besuchte er seine Muttergottes, und jedes Jahr berichtete er vom Fortgang der Arbeiten an der Stadtmauer.

Eines Morgens stand der Dreizehnjährige mit gesenktem Kopf in dem Seitenschiff der Marienkirche und schwieg.
„Sag mir deinen Kummer", bat ihn die heilige Mutter.
„Es ist nicht schlimm." Hermann Joseph lächelte tapfer. „Der Vater kann das Schulgeld nicht mehr bezahlen. Ich muß ihm jetzt in der Werkstatt helfen. Ich darf nicht weiter lernen."
Maria blickte freundlich zu ihm hinunter. „Weißt du noch, wie du meinem Sohn deinen Apfel geschenkt hast?"
Hermann Joseph nickte.
„Damals war dieser Apfel dein kostbarstes Gut. Bevor du ihn meinem Kind schenktest, hattest du ihn neben dich auf den Steinboden gelegt. Als deine Gabe wurde der Apfel so schwer, daß er, bevor du ihn aufnahmst, die Steinplatte gelockert hat."
Hermann Joseph strich mit dem Fuß über den Bodenstein, er war nicht fest verfugt.
„Hebe ihn an. Unter diesem Stein wirst du von nun an genug fin-

den, um dir und deinen Eltern die tägliche Not zu lindern. Es wird ausreichen, um das Geld für deine Studien zu bezahlen."
Hermann Joseph fand ein Goldstück unter der Steinplatte, brachte es seinem Vater und durfte weiter zur Schule gehen. Schon ein Jahr später nahmen ihn die Steinfelder Herren in ihr Kloster auf. Sie liebten den fleißigen jungen Mann und wiesen ihm den Weg zu den Geheimnissen der Wissenschaften. Immer wenn die Armut ihn niederdrückte, schenkte ihm seine Muttergottes genug, um wieder aufzuatmen.

Auch als Gelehrter blieb Hermann Joseph in dem Kloster. Einmal im Jahr wanderte er aus der Eifel nach Köln, ging durch die Drei-Königs-Pforte und öffnete das Kirchportal der Marienkirche nur so weit, daß er gerade hindurchschlüpfen konnte. Vor der heiligen Mutter schloß er seine Augen zu einem Spalt, blinzelte zu ihr auf und berichtete ihr von seinem Leben, über seine Gedanken. Nie vergaß er, von der Mauer zu erzählen. Im Jahre 1244 sagte er: „Köln hat jetzt Tore und Wehrtürme, doch immer noch ist der Bau nicht ganz vollendet."
Maria lächelte zu ihm hinunter. „Ich weiß. Für dich ist das zwölfte Tor weit geöffnet. Zögere nicht länger, geh hindurch und komm zu mir und meinem Kind. Gemeinsam werden wir auf den Jüngsten Tag warten, an dem alle von den Menschen so mühsam erbauten Mauern wieder fallen werden."
In stiller Dankbarkeit starb Hermann Joseph und nahm dies große Geschenk an.

Dombaumeister Gerhard

Das gelingt nur dem Leibhaftigen.

Feuer! Feuer!" Der Ruf gellte durch die Straßen und Gassen von Köln. Sturmglocken schrien die Angst über die Dächer. „Feuer! Der Dom brennt!"
In Stößen quollen Qualmpilze aus dem Dach, schlugen Feuerlohen durch die geplatzten Fenster. Steine polterten. „Der Dom brennt!"
Entlang der Menschenketten schwappten Eimer vom Rhein herauf, von den Brunnen herüber. Vergeblich! Was nützte noch Wasser, wenn der Rauch den Himmel über Köln schon verdunkelte, wenn die beißende Luft die Kehlen verdorrte, wenn die Glut den Wind entfachte und die Lohen, wie im Pulsschlag, aus der Brandwunde schlugen? „Der Dom brennt!"
Erst am Abend atmete das Feuer aus, fielen die Flammen in sich zusammen. Übrig blieben einige Mauern, Teile des geborstenen Dachs, verkohlte Balken, Schutt und heiße Asche. Die christlichen Herren Kölns hatten den Brand gelegt, wollten nur einen Teil des alten Bauwerks zum Einsturz bringen, um an dieser Stelle gemächlich mit dem Neubau einer Kirche zu beginnen. Doch die Gewalt des Feuers ist nicht berechenbar, und am Abend dieses Apriltages im Jahre 1248 war der Dom, den Erzbischof Hildebold hatte errichten lassen, endgültig durch die Flammen zerstört worden.
Von Angst und Sorge getrieben bahnten sich die Bürger einen Weg ins Innere des Hauptschiffes. Dann stockten sie. Stumm und ehrfürchtig suchte jeder die Hand seines Nachbarn. Inmitten herabgestürzter Balken stand unversehrt der goldene Schrein der Heiligen Drei Könige, auch die Sarkophage der seligen Erzbischöfe waren verschont worden. Die Feuersbrunst hatte das Herz des Doms nicht zerstören können.
Gleich am nächsten Tag begannen die Bürger, allen Schutt und die Trümmer zur Seite zu schaffen. Notdürftig wurden in den folgen-

den Wochen ein Dach gefertigt und die Mauern nur soweit wieder hergestellt, daß die Heiligen vor Wind und Wetter geschützt in ihrem ewigen Schlaf ruhen konnten.
Jetzt erst atmeten die Kölner auf, wischten Schweiß und Ruß aus ihren Gesichtern. „Das Feuer war das Werk des Bösen!" meinten die Unwissenden. „Die Flammen waren ein loderndes Zeichen des Himmels!" riefen die Eingeweihten und planten, das Unglück wie tüchtige Krämer zu nutzen.

Jedes Gerücht wächst, je schneller es läuft!
Durch ganz Europa eilte die Kunde vom Brand des Doms und entsetzte die Christenheit. Nicht die Zerstörung des Bauwerkes trieb die Pilger, Bischöfe, Fürsten und selbst den Papst in helle Erregung. „Die Gebeine der Heiligen Drei Könige liegen jetzt in einer windschiefen Hütte, ärmlicher noch als das Kind im Stall von Bethlehem!" Diese Nachricht empörte die Gläubigen und mußte jeden Christen beschämen.
„Gebt den drei Königen wieder ein würdevolles Haus! Baut ihnen eine neue Kirche!" Sie baten, verlangten, einige drohten sogar.
Das Christenherz der Kölner war schon lange einverstanden gewesen, das Kaufmannsherz zögerte geschickt. „Womit? Wer soll für die ungeheuren Kosten aufkommen?"
„Wir sind zu arm", seufzte Erzbischof Konrad laut, er seufzte so recht aus der Herzenstiefe der Kölner Kaufmannsseele: „Gebt uns ein Almosen für die Heiligen Drei Könige. Bitte!"
Die Gläubigen aller Länder spendeten! Reiche Gaben wurden nach Köln gebracht, sogar Wagen, hochbeladen mit Silbermünzen, erreichten die Stadt, Goldgeschenke, Geld und wieder Geld! Die Kölner zählten den Reichtum und nickten zufrieden. „Wir werden einen neuen Dom bauen." Sie zählten weiter. „Wir werden die größte Kathedrale der Welt errichten!" verkündeten sie schließlich, suchten in Europa den erfahrensten Baumeister und fanden Gerhard von Ryle. Er hatte schon in Frankreich beim Bau einer Kathedrale seine große Kunst bewiesen.
„Errichte in unserer Stadt einen Dom zu Ehren Gottes und zum Ruhme der Heiligen Drei Könige!" So lautete der Auftrag. Leise fügten Erzbischof Konrad und die Männer der Bürgerschaft hinzu: „Erbaue in Köln eine Kathedrale, die unvergleichlich ist, die mächtiger und prächtiger ist als alle anderen, die mit einfachen Worten

nicht beschrieben werden kann!" Die Kölner wollten ein Bauwerk für die Ewigkeit.
Die schmalen Lippen des Meister Gerhards spannten sich zu einem Lächeln, der hochaufgeschossene Mann hatte verstanden. Seine engstehenden Augen brannten in dem hageren Gesicht. Ganz in der Nähe der Ruine des alten Doms bezog er mit seiner Frau Hedwig ein Haus und begann den Bauplan zu entwerfen.
Schon im August des Jahres 1248 segnete Erzbischof Konrad nach einer feierlichen Messe den Grundstein des neuen Doms.
Unermüdlich trieb Meister Gerhard die Bauleute an, überwachte die Steinlieferungen, riesige Quader, die aus dem nahen Drachenfels gebrochen wurden, und bald schon wuchsen Mauern aus der tiefen Baugrube.
Die Bürger der Stadt umschritten die Länge und Breite. Mit ehrfürchtigem Staunen erkannten sie, welche ungeheuerlichen Ausmaße ihr Dom haben würde.

Oft stand am Abend die Frau des Baumeisters im Arbeitszimmer und betrachtete sorgenvoll ihren Mann. „Wird dir nicht Angst, Gerhard?"
Nur kurz sah er auf. „Was meinst du?"
„Du hast ein Werk begonnen, das größer werden wird, als ein Mensch denken darf."
„Schweig! Geh zu Bett, Hedwig!" herrschte der übermüdete Dombaumeister und beugte sich wieder über die Pläne. Nacht für Nacht saß er beim Schein der Kerzen und prüfte seine Zeichnungen mit Winkel und Zirkel. Tag für Tag schritt er die Mauern ab, zog Richtschnüre und beschimpfte die Steinmetze, wenn sie ungenau oder sogar flüchtig gearbeitet hatten. Der rastlose Mann war morgens der erste auf dem Gerüst, und wenn am Abend die Handwerker längst schon die Arbeit niedergelegt hatten, stieg er noch einmal die langen Leitern hinauf, um das Tagewerk zu begutachten. So kämpfte Gerhard Jahr um Jahr für seinen Dom. Die Kapellen des Ostchores standen festverfügt, schlanke Säulen erhoben sich, und das Fundament des Südturms war schon mächtig gewachsen.
„Zu langsam", flüsterte der Dombaumeister, als er wieder einmal im Licht der Abendsonne auf dem Gerüst stand. „Nur ich kann den Bau vollenden. Die Männer müssen noch schneller arbeiten." Die vergangenen fünfzehn Jahre hatten die hohe Gestalt ausgezehrt,

tief lagen die Augen in den Höhlen, und nur noch Haut umspannte seine Finger.
„Ein schönes Kirchlein baust du hier, Meister Gerhard."
Der verhärmte Mann fuhr herum. Neben ihm stand ein kleiner, feister, rundgesichtiger Mann. „Wer bist du? Was suchst du auf meinem Gerüst?"
Mit der rechten Hand warf der Fremde seinen schwarzen Umhang leicht zurück, kratzfußte und trat dicht an Gerhard heran. „Zu Diensten, zu Diensten! Auch ich bin ein Meister der Künste, vor allem der Kunst des Bauens. Wenn es beliebt, werde ich dir etwas unter die Arme greifen." Der Fremde zog die Stirn in Falten, kratzte seinen dünnen Lippenbart und zeigte mitleidig zu den Säulen hinunter. „Fehler! Fehler! Wo ich auch hinschaue, da entdecke ich böse Fehler. Nie werden solch dünne Pfeiler ein Gewölbe tragen können." Der rundliche Fremde schüttelte sich, streckte einmal kurz die Zunge heraus und grinste den Dombaumeister an. „Du solltest eher Brunnen graben und Wasser verkaufen. Um große Kirchen zu bauen, scheint mir deine Kunst zu klein."
Sprachlos starrte Gerhard in das feiste Lächeln, in die spottenden Augen, endlich fand er seine Stimme wieder. „Du wagst es! Du Kerl, wagst es, mir einen Fehler vorzuwerfen!" Voller Empörung ballte er die Fäuste.
Tänzelnd zog sich der Fremde einige Schritte zurück. „Nicht aufregen. Nur nicht aufregen." Jetzt feixte er wieder sein Grinsen. „Du willst ein Kirchlein bauen. Doch ich sehe nur Stümpfe. Seit Jahren mauerst du an Sockeln und Wänden herum. Du bist ein müder Baumeister. Wenn du so weiter trödelst, wirst du dein Kirchlein nie vollenden."
Scharf sog Gerhard den Atem ein, dann schrie er: „Das wird eine Kathedrale, ein Dom, wie ihn die Welt noch nie gesehen hat!"
Der Fremde stieß ein meckerndes Lachen aus, hob die Arme und schlenderte pfeifend den Steg des Gerüstes entlang.
„Bleib stehen!" befahl Meister Gerhard und stürmte ihm nach. „Niemand kann schneller und besser bauen. Niemand!"
Blitzartig wandte sich der rundliche Mann um und schob sein Gesicht zu dem zitternden Mann hinauf. „Ich schon. Ich schon! Denn ich bin der kühnste, der tüchtigste, ich bin der schnellste Baumeister der Welt."
Fassungslos schlug sich Gerhard die Fäuste gegen die Schläfen. „Ich bin Gerhard von Ryle!"

„Wollen wir wetten?" Glatt und leicht hatte der Fremde den Vorschlag unterbreitet.
Jetzt lachte der hagere Meister höhnisch. „Willst du auch eine Kathedrale bauen?"
Der Fremde pfiff vor sich hin. In Gerhards Kopf wirrten die Gedanken durcheinander. Alle Angst vor der Größe seines Vorhabens mündeten in dem verzweifelten Zorn auf diesen feisten, selbstsicheren Burschen. „Ja, eine Wette", stammelte er.
„Was soll ich bauen?" Der Kleine schnippte mit dem Finger. „Noch eine Stadtmauer? Oder gleich eine ganze Stadt? Sag es nur. Sag es nur! Was es auch sei, es wird eher fertig sein, als dein Kirchlein."
Gerhards Augen glühten auf. „Du wolltest aus mir einen Wasserträger machen. Gut. Bau selbst eine Wasserleitung! Führe klares Wasser aus der Eifel durch das Vorgebirge nach Köln. Ehe dein Wasser dort unten anlangt, werde ich den Dom vollendet haben."
Mit den Fingern strich der dickliche Mann seinen Lippenbart zu den Mundwinkeln. „Wenn ich verliere, werde ich dir dienen." Treu blickten die Augen aus dem runden Gesicht. „Was gibst du mir, wenn ich unsere kleine Wette gewinne?"
Hoch richtete sich der Dombaumeister auf. So blickte er zu dem kleinen Mann hinunter. „Was du willst." Er streckte seine Hand aus.
Sofort schlug der Fremde ein. „Bald schon wird vor deiner Baugrube das Wasser in einen Teich plätschern. Wenn du eine Ente schnattern hörst, dann weißt du, daß ich gewonnen habe." Er pfiff ein vergnügtes Lied, wandte sich um, huschte zur Leiter und tauchte in die Tiefe.
Meister Gerhard beugte sich über das Gerüst, doch die Dunkelheit hatte den Fremden verschluckt. „Selbst wenn du das Rätsel löst, wie Wasser einen Berg hinab und wieder einen Berg hinauf fließen kann, werde ich gewinnen. Außer mir wissen nur wenige, wie das Wasser ungehindert und gleichmäßig durch lange Röhren strömen kann. Auch wenn du der Teufel selbst wärst, du wirst dieses Geheimnis nicht lüften."

Obwohl er seiner Wette so sicher war, trieb Meister Gerhard die Bauleute noch ärger an. Kaum fand er Schlaf, und übermannte ihn doch die Müdigkeit, dann wälzten ihn seine Träume, bis er schweißgebadet aufwachte. Kaum aß er noch. Kaum sprach er, und fragte

ihn seine Frau bekümmert nach seinen Sorgen, sagte er nur Worte. „Der Bau." „Mein Dom." „Keine Zeit."
Trotz aller Schwierigkeiten wuchsen die Mauern und spannten sich kunstvolle Bögen. Doch die Zeit verrann zu schnell. Nur der Wunsch, den Bau selbst zu vollenden, trieb den geschwächten Gerhard weiter. Nur der Gedanke, daß der Fremde niemals das Wasser aus der Eifel bis nach Köln leiten könnte, gab dem Baumeister noch die Kraft zu leben.
Frau Hedwig ging von einem Arzt zum anderen. Niemand vermochte, ihr einen Rat zu geben, niemand wußte ein Mittel, mit dem ihr geliebter Mann wieder Ruhe und Frieden finden könnte.
Eines Vormittags klopfte es an der Haustür. Die Frau des Baumeisters öffnete. Ein feiner, etwas rundlicher Herr verbeugte sich. „Die Kollegen in der Stadt haben mir von deinem Kummer berichtet. Du sorgst dich um deinen Mann. Nun, ich bin Arzt und weiß weit mehr als viele berühmte Doktoren."
Lange sprach der feine Herr mit Hedwig und gab ihr ein Pulver. Verzagt nahm es die Frau des Baumeisters. „Also kann ich wirklich wieder hoffen?" Tränen rollten ihr über die Wangen.
Der rundliche Herr strich seinen Lippenbart glatt und lächelte. „Sei getrost. Sei getrost, gute Frau! Es gibt immer einen Weg." Jetzt hob er den Finger. „Der Baumeister wird im Schlaf sprechen. Frag ihn nach seinen Sorgen, und merke dir seine Worte genau. Morgen früh komme ich wieder, und ganz sicher werden wir eine Lösung finden!"
Sorgsam mischte Hedwig das Pulver in den Abendtrunk ihres Mannes, und in der Nacht wachte sie an seinem Lager. Im Schlaf krallte Gerhard die Hände in das Federkissen. „Niemals! Ich werde ihn nicht vollenden. Niemals. Nie!" stammelte er. „Dieser Dom kann nicht von einem einzigen Menschen erbaut werden." Mit einem Mal lachte er laut auf.
„Was denkst du?" fragte Hedwig erschrocken.
„Dieser Dummkopf!" Gerhard ließ das Kissen los und rieb die Fingerknöchel an seinen Zähnen. „Er will das Wasser durch lange Röhren leiten und weiß nicht, daß er jede viertel Wegstunde ein Luftloch lassen muß. Ohne Luftlöcher kann das Wasser nie fließen!"

Kaum hatte der Dombaumeister am nächsten Morgen das Haus verlassen, als der feine, rundliche Herr wieder an der Tür klopfte.

Verständnisvoll nickte er zu allem, was Frau Hedwig ihm von dem Schlafgespräch berichtete. „Zum Schluß hat er nur noch Unsinn geredet", schloß sie und legte die Hände auf den Tisch.
Der feine Herr beugte sich vor und packte ihren Arm. „Was hat er gesagt? Ich muß alles wissen, Wort für Wort. Sonst kann ich ihm nicht helfen."
„Von Röhren hat er gesprochen."
„Und? Und? Sprich doch weiter!"
Frau Hedwig wollte sich aus dem Griff befreien, doch der Herr ließ sie nicht los. „Es war nur Unsinn. Jede viertel Wegstunde muß man ein Luftloch lassen."
„Da soll doch der ...", entfuhr es dem feinen Mann. Gleich wurde sein Blick wieder gütig, und er tätschelte die Hand der Frau. „Alle Sorgen sind vorbei, meine Liebe. Ich sagte ja, es wird einen Weg geben. Bleib ruhig, ganz ruhig. Bald wird dein Kummer einfach davonfliegen!"
Damit verabschiedete sich der feine, rundliche Herr, und ehe die Frau des Baumeisters ihn um ein neues Pulver bitten konnte, war er verschwunden.
In der folgenden Nacht quälten wieder Träume den verzweifelten Gerhard. Seine Frau weinte still. Wie sehr wünschte sie ihm Linderung!
Am Morgen sprach der Baumeister kaum, grußlos verließ er das Haus und stieg die Leitern zum Hauptgerüst hinauf. In windiger Höhe stand er auf dem schmalen Steg und blickte nach Osten. Am Horizont schimmerten rötliche Wolkenstreifen und kündigten die Sonne an.
Gerhard schloß die Augen und sah den Dom in seiner Vollendung, prächtig und unermeßlich. „Ich habe gemessen. Ich habe das Maß bestimmt. Mir soll auch der Ruhm gehören!" Mit beiden Händen umklammerte er das Geländer und rüttelte an den Holmen. Nie würde er wirklich die Kathedrale in ihrer ganzen Pracht sehen können. Unerträglich war ihm der Gedanke, daß ein Menschenleben zu wenig sein sollte, um auszuführen, was ein Mensch sich erdacht und geplant hatte. Warum die Mühe, die Sorge und Plage, wenn sein ganzes Leben nur ein Stück Mauer und nicht das fertige Bauwerk sein durfte?

Schnattern! Gerhard öffnete die Augen. Schnattern! Ungläubig

schüttelte er den Kopf. Schnattern, lauter, kecker, wie Meckern und Gelächter! Der Baumeister hastete über den Steg zur Westseite hinüber. Das Schnattern schlug ihm gegen die Stirn, knatterte in seinen Ohren. Weit beugte sich Gerhard über das Geländer. Aus dem Maul einer großen Röhre sprudelte helles Wasser, floß zwischen Steinen, Baugeräten und Holzstapeln und ergoß sich in einem kleinen Teich. Mitten auf der Wasserfläche schwamm ein bunter Erpel. Sein Gefieder leuchtete mehr rot als blau und grün.
„Das gelingt nur dem Leibhaftigen, nur dem Teufel selbst", stammelte der Baumeister.
Der Erpel bog den Kopf zurück, riß den Schnabel auf und lachte das Schnattern hinauf.
Gelähmt stand und starrte Meister Gerhard.
Der Schnabel wuchs, wurde breiter und länger, knallend schlugen die Hälften aufeinander. Der schillernde Leib blähte sich auf, schon war er mächtiger und größer als der einer Gans.
Das Rot stach Gerhard in die Augen, das dröhnende Meckern schmerzte in den Ohren. Schweiß rann ihm über das Gesicht.
„Nein! Du wirst mich nicht bekommen!"
Ein Entendrache bedeckte jetzt den kleinen Teich, schüttelte sein Gefieder und wirbelte das Wasser auf. Das Ungeheuer reckte sich, schlug die Schwingen und schwang empor.
„Mein Leben bekommst du nicht. Niemals!" schrie der Dombaumeister. Unaufhörlich stieg der Entendrache, und die riesigen Augen starrten gierig.
„Ich bin doch schneller als du!" lachte Gerhard, lachte und kletterte auf das Geländer. Er stürzte sich hinunter, lachte und stürzte an dem Ungeheuer vorbei. Leer schlugen die Schnabelschalen aufeinander. Sofort wälzte sich der Entendrache nach unten, aus dem Leib wurde der Höllenhund, aus dem Erpelkopf das zähnefletschende Gesicht des Leibhaftigen. Brüllend stieß das Maul hinter dem Baumeister her. Noch ehe Gerhard den Boden erreicht hatte, schlugen die Zähne wie weiße Dolche in seinen Körper.
Als die Handwerker an diesem Morgen die Baustelle betraten, roch es nach Schwefel und verbrannter Haut. So sehr sie auch suchten, ihren Meister Gerhard fanden sie nirgendwo.

Albertus Magnus

Wollen wir erst philosophieren
oder uns gleich an die Tafel setzen?

Zehn Köpfe beugten sich über zehn hohe Stehpulte. Umgeben von Haarkränzen glänzten matt die sorgfältig ausrasierten Flecken auf den Hinterköpfen. Voller Eifer kratzten die jungen Mönche des Dominikanerklosters von Padua mit den gespitzten Federkielen ein „T" auf das Pergament. Erst sollte das Wort „Tabernakel" geschrieben werden, später wollte ihr Lehrmeister mit ihnen über dieses reichverzierte Schränkchen, in dem die Hostie aufbewahrt wird, nachdenken und sprechen.
Abgesondert und in der äußersten Ecke des Saales stand der schmächtige Albertus vor seinem Pult und wischte sich mit der Fahne der Schreibfeder langsam den Schweiß von der Stirn. Mühsam hatte er ein „A" geschrieben. Seit Wochen malte er jeden Tag nur diesen ersten Buchstaben. Seine Mitbrüder waren schon bei dem „T" angelangt, diskutierten täglich mit dem Meister über die Bedeutung der Worte des Glaubens und der Kirche. Allen fiel das Denken so leicht, nur Albertus war nicht weiter vorgedrungen. Wieder kratzte er angestrengt ein „A", marterte sein Gehirn, erinnerte sich schließlich an das Wort „Anfang" und versuchte den tieferen Sinn zu verstehen.
„Albertus!" Zornrot baute sich der gelehrte Meister vor ihm auf. „In deinem Kopf bewegt sich nur ein zäher Brei, sonst nichts!"
Langsam hob der junge Mönch den Kopf. „Es geht zu schnell." Seine Zunge bewegte sich schwer, dehnte die Worte, als wolle sie die Sprache zurückhalten. „Ich will doch studieren und alles wissen, aber mein Kopf braucht zu viel Zeit."
Mit dem Zeigefinger stieß der Lehrer gegen die Stirn des bleichen Schülers. „Dein Ebenbild ist der Esel! Also schreibe ‚Asinus', und denke über den Esel nach."
Gehorsam malte Albertus ein neues „A" auf das Pergament. Ja, ich bin ein Asinus, ein Esel. Ich bin zu dumm für das Studium der

Gottesweisheit. Albertus starrte unverwandt auf den großen Buchstaben, und nach langem Nachdenken kam ihm das Wort „Abschied“ in den Sinn.

Spät am Abend dieses Tages verließ er hastlos den Schlafsaal, suchte im Garten nach einer Leiter und trug sie zur Klostermauer hinüber. Er bewegte sich, doch jeder Muskel in ihm nahm sich seine Zeit. Nach einer Weile lehnte Albertus die Leiter an die Mauer, hob den Fuß auf die erste Sprosse, griff mit den Händen nach den Holmen, stemmte und zog den Körper nach oben. Er setzte den zweiten Fuß und schob sich zur nächsten Sprosse. So erklomm er allmählich den vierten und fünften Tritt. Ich bin auf der Flucht, dachte er und tastete mit dem Fuß nach dem höheren Steg. Doch Denken und gleichzeitig Handeln überstieg seine Kräfte. Er verfehlte die Sprosse, schlug mit der Stirn heftig gegen den Holm der Leiter und fiel. Obwohl er stürzte, war es ihm doch, als schwebe er leicht wie eine Feder.

„Albertus, wohin willst du?“ fragte eine Frauenstimme. Klar und hell hatte Albertus die Worte verstanden.

„Ich muß fort! Ich tauge nicht für die Studien!“ Sein Rufen schwebte mit ihm. „Alles in mir will wissen und erkennen. Doch, so sehr ich mich mühe, mein Denken ist zu langsam!“

„Was möchtest du lernen?“ Die Stimme der Frau hielt den schaukelnden Fall auf. „Möchtest du die Tiefe des Glaubens ergründen, oder willst du die Geheimnisse der Welt verstehen lernen?“

„Ich möchte wissen, was im Wasser, in der Luft, im Himmel und auch auf der Erde geschieht.“

„Schade. Ich hatte so sehr gehofft, daß du mit deinen Studien nur mir und meinem Sohn näherkommen wolltest. Dennoch werde ich dir deinen Wunsch erfüllen. Weil du aber die weltliche Wissenschaft der Gelehrsamkeit des Glaubens vorziehst, wirst du drei Jahre vor deinem Tod alle Erkenntnisse wieder verlieren und zurückkehren zu der Einfalt eines Kindes.“

Hart schlug Albertus auf den Boden und blieb benommen liegen. Nur eine kurze Zeit, dann hob er unsicher den Kopf. Er war allein in dem Klostergarten, und doch konnte er sich an jedes Wort erinnern, das die Muttergottes zu ihm gesprochen hatte. In seiner rechten Hand hielt er etwas Erde des Gartens. Er zerrieb sie, roch dran und ließ die Krumen zu Boden rieseln. „Das ist wahr“, flüsterte er. „Die Erde ist nicht nur Erde. In ihr sind

alle Kräfte verborgen, die Blumen und Bäume wachsen lassen."
Albertus sprang auf die Füße. „Ich werde auch die Geheimnisse der Natur ergründen. Ich möchte alles wissen. Mein ganzes Leben lang werde ich denken und forschen." Er lief ins Kloster zurück und wunderte sich nicht einen Moment über seine Leichtigkeit. In dieser Nacht schlief er nicht. Immer wieder setzte er sich auf und preßte die Hände gegen die Schläfen. Die plötzliche Unruhe in seinem Kopf schmerzte.
Am nächsten Vormittag schrieb er das „B", das „C", und nach Wochen hatte er das „P" erreicht, diskutierte lebhaft in den Unterrichtsstunden, fragte und fragte.
Staunend legte ihm sein Lehrmeister den Arm auf die Schulter. „Es ist ein Wunder, Albertus. Aus dem Esel, dem Asinus, ist in wenigen Monaten ein Philosophus geworden."

Gierig sog der junge Mönch alles Wissen in sich auf. So stumpf und langsam er früher gewesen war, so scharfsinnig und schnell arbeitete jetzt sein Verstand. Bald schon hatte er alle Bücher der Bibliothek des Klosters gelesen, und schließlich vermochte ihm sein Lehrmeister, nichts mehr beizubringen. Albertus verließ Padua und lehrte nun selbst an den hohen Schulen seines Ordens. Sein Ruf eilte von Stadt zu Stadt, bald nannte man in ganz Europa voller Ehrfurcht seinen Namen.
„Albertus ist der größte Philosoph!" rühmten die einen. „Albertus ist ein großer Theologe!" priesen ihn andere. „Niemand weiß mehr über das Zusammenspiel der Naturkräfte!" trumpften wieder andere auf. „Albertus kennt alle Geheimnisse der Physik!" riefen die Studenten und drängten sich in die Hörsäle. Mit offenen Mündern erlebten sie, wie er Wasser in loderndes Feuer verwandelte, wie er Wein zur Decke schleuderte und die Tropfen, buntschillernd wie Schmetterlinge, zu Boden fielen. Weil nur wenige seinem Geist und Wissen folgen konnten, flüsterten die Leichtgläubigen: „Er ist der größte Magier der Welt."
Doch auch die Fürsten und Könige, selbst der Papst bewunderten den großen Gelehrten. Oft fragten sie Albertus um Rat, und oft gelang es ihm mit seiner Weisheit, drohenden politischen Streit abzuwenden.
So viele Titel, so viel Lob faßten die Menschen in zwei kurze Worte. Sie nannten ihn „Großer Albertus" oder lateinisch vornehm

„Albertus Magnus". Die in ganz Europa berühmte Kölner Schule der Dominikaner wählte ihn zu ihrem ersten Lehrmeister, und Studenten aus allen Ländern wanderten zur heiligen Stadt am Rhein. Selbst Thomas von Aquin floh aus der gräflichen Burg seiner Eltern, um bei Albertus in Köln zu studieren und Rüstzeug und Wissen zu erhalten.

Der Winter des Jahres 1248 kam früh. Schon im November froren die Flüsse zu, Schnee und Sturm zwangen die einfachen Menschen ins Haus, und die Fürsten und Bischöfe verschoben ihre Kriege auf das nächste Frühjahr.
„Erzähl mir etwas von Albertus Magnus!" forderte der junge König Wilhelm II. seinen Kanzler auf. Den ganzen Tag über hatte ihn die Langeweile geplagt, jetzt wollte er unterhalten werden. Tief atmete der gewichtige Ratgeber ein und berichtete Stunde um Stunde über Philosophie, Theologie und Physik. Immer wieder schöpfte er Atem und sprach weiter.
„Hör auf! Aufhören!" Wilhelm steckte beide Zeigefinger in die Ohren. Kaum ein König war klug genug, um auch nur eine halbe Erzählstunde lang wirklich zu begreifen, was dieser Mann in Köln alles vermochte. Ärgerlich rief Wilhelm seinen Narren und zog ihm die Schellenkappe vom Kopf. „Ganz ernst jetzt! Wer ist Albertus Magnus?"
Der Hofnarr schloß die Augen. „Ich sehe ihn nicht." Langsam beugte er sich vor und schnüffelte. „Riechen kann ich ihn auch nicht."
König Wilhelm schlug seinem Spaßmacher die Kappe um die Ohren. „Ich will jetzt etwas von dir hören!"
Gleich sang der Narr ein trauriges Winterlied. Wutentbrannt griff der junge Herrscher nach dem Schwert, und der Narr floh zum Fenster hinüber. „Nur die Dummheit greift so schnell zur Waffe, hoher Herr. Das sage ich, aber dieser Albertus würde es auch sagen."
Nach kurzem Überlegen ließ der König sein Schwert in der Scheide. Mit gesenktem Kopf näherte sich ihm der Narr. „Setz mir meine Krone auf, großer König. Ich habe etwas zu sagen." Kaum trug er wieder die Schellenkappe, als er die Arme ausbreitete, wie es große Redner tun. „Reite nach Köln, und statte dem Denker einen Besuch ab. Vielleicht erfährst du, wie schnell seine Haare wachsen, wenn er noch welche hat. Bewundere seine Wunder! Auf sein Denken aber

verzichte, denn die Gedanken der Denker, denke ich, verstehen nur Denker, also du nicht."
König Wilhelm lachte über diesen Scherz, dann stockte er. War es ein Scherz? Er lachte weiter. Wer weiß schon, was die Narren wirklich denken?
„Wir reiten nach Köln!"
Dick in Pelze eingehüllt erreichten König Wilhelm und seine Gefolgschaft wenige Tage später die mächtige Stadtmauer und ritten durch das Hahnentor in Köln ein. „Vor allem möchte ich dem berühmten Albertus einen Besuch abstatten", erklärte der hohe Herr den überraschten Stadträten.
Der Gelehrte ließ den König wissen, wie erfreut er über das Interesse an seinen Forschungen sei und erlaube sich, den Herrscher, samt seinem Gefolge, am nächsten Tag zu einem Gartenfest einzuladen.
„Ein Gartenfest im Winter!" lachte Wilhelm. „Der Gute ist zerstreut. Sicher meint er ein Festmahl."
„Zieh dir etwas Warmes an!" Der Narr hob den Finger. „Ein Denker denkt sich was bei seinen Worten."

In der Nacht hatte es wieder geschneit. Mühsam stapfte die königliche Gesellschaft gegen Mittag dickvermummt durch den Schnee zum Dominikanerkloster hinüber.
Albertus verneigte sich vor dem jungen König. „Wollen wir erst philosophieren oder uns gleich an die Tafel setzen?"
„Ich habe Hunger!" rief der Narr vorlaut. Wilhelm schob ihn zur Seite. „Lieber Albertus, deine Gedanken will ich nicht stören. Es ist besser, wenn wir gleich mit dem Essen beginnen. Nachher kannst du uns einige deiner Kunststücke vorführen."
„Kunststücke?" Albertus zog die Brauen zusammen.
„Na, du weißt schon." In froher Erwartung rieb sich der König die Hände. „Wir wollen ein bißchen von deiner Zauberkunst sehen, wollen uns etwas zerstreuen."
Mit gefrorenem Lächeln bat Albertus die Gesellschaft in den Hof und führte sie zu einer Gartenpforte gleich neben der Stiftsschule. Ungläubig sahen sich die Räte und Hofschranzen an. Der König schlug den Pelzkragen hoch. „Wie gut, daß wir die richtige Garderobe für das Festmahl gewählt haben", scherzte er dünn. Schnell reckte sich der Narr zu dem königlichen Ohr hinauf. „Das ist ein

Mann nach meinem Herzen. Er versteht den Spaß zu machen, besser als mancher König!"
Albertus schloß die Pforte auf. „Tretet ein." Tiefverschneit lag der Garten da. Auf dem dürren Gestrüpp der Sträucher saßen Schneehauben, die Äste der Bäume bogen sich unter der weißen Last, und am niedrigen Himmel hingen schwere Wolken. Inmitten dieses Winterbildes stand die lange Festtafel, gedeckt mit Schüsseln, Tellern und goldglänzenden Bechern. „Tretet näher", bat der Gelehrte. Das Lachen verblaßte in Wilhelms Gesicht, noch beherrscht befahl er dem Gefolge zu folgen und stapfte in den Garten. Albertus führte ihn zu dem hohen Stuhl. „Nehmt Platz."
Tief zog der Narr seine Kappe in die Stirn und schnupperte an den leeren Schüsseln und Tellern. „Das ist ein Mann nach meinem Herzen!"
„Schweig!" herrschte der König. Den Rest seiner guten Miene hatte er im knietiefen Schnee verloren.
„Ich muß Euch allein lassen, muß mich um das Wohl Eurer Sinne kümmern." Damit verneigte sich Albertus. Ehe der König fragen konnte, wie weit er den Scherz noch treiben wollte, hatte der weise Mönch den Garten schon verlassen.
„Das ist ein Mann ..."
Beide Fäuste schlug König Wilhelm auf die Tischplatte. „Wage es nicht, noch ein einziges Wort zu sagen, sonst reiße ich dir deine Ohren ab!" Zu den vornehmen Begleitern grollte er. „Unser Gastgeber hat den Verstand verloren." Vorsichtig nickten die Hofleute. An ihren roten Nasen begannen die Tropfen, zu kleinen Eiszapfen zu frieren.
Mit einem Mal wurde es still. Es war nicht die weiche Stille des Schnees, es wurde so still, als hielte jemand die Zeit an! Keiner der Gäste wagte sich zu bewegen, kaum atmeten sie noch.
Durch die Wolken hindurch stachen gleißende Strahlen, zerteilten das schwere Grau, trieben die dunklen Massen an den Horizont, und eine Sonne stand am blauen Himmel. Ihr Licht erwärmte die Luft und saugte den Schnee von den obersten Zweigen der Bäume, sank tiefer, die weiße Last auf den Ästen verschwand, schon schmolzen die Hauben von den Sträuchern, und die helle Wärme legte sich über den Garten.
Laut stöhnten die Gäste auf, und mit jedem Seufzer sickerte der Schnee in die Wiese und die Beete.

„Mir wird ganz heiß." Benommen wischte der Narr mit einem Zipfel seiner Kappe über die Augen.
Knospen platzten aus den Rinden der Zweige, das Gras wurde jung, aus der dampfenden Erde schoben sich Blumenschäfte, wuchsen schnell, und die Blüten brachen auf. Schon waren die Bäume in weiße und rosafarbene Pracht gekleidet, schon fiel der Blütenregen, und Blätter entfalteten sich. Die Rosen öffneten sich, aus den roten und weißen Kelchen stieg der Duft und erfüllte den Garten. Überreife Beeren hingen an den Sträuchern, und von den Bäumen fielen rotbackige Äpfel. Heftig zankten sich Stare um die Kirschen, und obwohl es gleißender Tag war, schlugen Nachtigallen ihr Lied.
Aus ihren Pelzen starrten die Hofleute auf den König. Der Schweiß floß in Bächen von der Stirn, doch niemand wagte es, den Mantel abzulegen. Endlich warf Wilhelm den Winterumhang von den Schultern. „Ein prächtiger Tag!" rief er, und im Nu entledigte sich jeder Mann seines Pelzes, knöpfte die Weste auf, legte auch sie zur Seite, und bald saßen alle vornehmen Herren nur noch in ihren Beinkleidern an der Tafel.
„Wo bleibt nur das Essen?" Kaum hatte der junge König die Frage ausgesprochen, als in den Schüsseln die erlesensten Speisen dampften.
Gleichzeitig griffen die Gäste in die Schüsseln, gierten und warfen die abgenagten Hasenbeine, Fasanenflügel und die kleinen Knochen der Wachteln hinter sich. Über Kinn und Hals lief der Saft köstlicher Pfirsiche, und die Schalen der Nüsse knackten sie mit den Zähnen. Unentwegt kreiste der Weinkrug, und schließlich lehnte sich König Wilhelm zurück. Sein Rülpsen beendete das Mahl.
„Das ist ein Mann", begann der Narr, wartete ängstlich einen Moment und schielte zu seinem Herrn. Zufrieden leckte der Herrscher das Fett von den Fingern. Mit einem Jauchzen warf der Narr seine Kappe hoch in die Luft. „Das ist ein Mann nach meinem Herzen!" Vergnügt stimmten alle in das Lob mit ein.
Die Kappe hatte sich in dem Geäst eines Apfelbaums verfangen. Ohne zu zögern stieg der Schalk ihr nach. Kaum hatte er die erste Astgabel erreicht, als alle Blätter welkten. Die Blumen knickten zu Boden, Früchte prasselten auf die erschreckte Gesellschaft nieder. Das Gras wurde alt und braun, Wind kam auf und trieb schwere Wolken vor die Sonne. Das Wetter brodelte. Dichtes Schneetreiben

wirbelte die Flocken in den Garten, füllte Schüsseln, Teller und Becher. Sturm heulte los, und die Kälte biß sich in die halbnackten Hofräte und Schranzen. Voller Entsetzen suchten sie nach ihren Westen und Pelzen. Allen voran floh der König aus dem Garten und suchte in der Halle des Klosters Schutz und Wärme.
Albertus streckte ihm beide Hände entgegen und führte ihn zu einem Stuhl vor dem Kaminfeuer. Mit Zähnegeklapper und zitternd drängte die Gefolgschaft in den Saal. Noch atemlos keuchte Wilhelm: „Was für ein Gastmahl!"
„Verzeiht meine Abwesenheit", entschuldigte sich Albertus. „Eure Bewirtung ließ mir keine Zeit."
Nachdenklich strich der König über seinen Bauch. „Wenn ich nicht so satt wäre, könnte ich annehmen, das Festessen wäre nur Einbildung gewesen."
Fein lächelte der gelehrte Mönch. „Oft denke auch ich darüber nach, ob die Einbildung stärker sein kann als die Wirklichkeit."
Von draußen drang jämmerliches Geheul herein.
„Dein Narr ist noch im Garten!" Besorgt verließ Albertus in Begleitung einiger Herren den Saal. Sie fanden den Schalk angefroren an die Äste des kahlen Apfelbaums. Nur mit Mühe konnten sie ihn losbrechen und ins Kloster tragen.
„Ich bin erfroren!" jammerte der Narr. Sein Körper war steif, aber den Mund konnte er noch bewegen. „Meine schönen Beine!"
Albertus träufelte ihm einige Tropfen aus einer kleinen Flasche in den Mund, und nach wenigen Augenblicken zuckten die Glieder des Hofnarren, dann schüttelte er sich, schlenkerte wieder Arme und Beine.
Die Gesellschaft war verstummt. Jeder betastete seinen Bauch. Fest preßte König Wilhelm beide Hände gegen den Leib. Um ihn herum krümmten sich alle Hofleute in heftigen Schmerzen, sie stöhnten und jammerten.
Albertus schüttete Wasser in einen großen Kelch und reichte ihn dem König. „Nehmt einige Schlucke, und bald habt Ihr keine Schmerzen mehr." Nach dem König gab der Gelehrte jedem seiner Gäste aus dem Kelch zu trinken.
Die Schmerzen wuchsen zur Qual, elend und von Übelkeit gepeinigt beugte sich Wilhelm vor und würgte, die Männer seines Hofes würgten und husteten, als befreie sich jeder von der Last seiner Freßgier. Endlich atmete der König ruhiger und richtete sich

auf, nach und nach verstummten die würdelosen Geräusche in der Halle. Verwundert, beinah empört, starrten die Gäste auf den Steinboden. Kein Schmutz! Nichts erinnerte an die durchlittene Qual ihrer Übelkeit.
„Ich versprach schnelle Linderung." Albertus lächelte fein.
Plötzlich heulte der Narr und schrie: „Ich habe Hunger!"
Niemand sagte etwas. König Wilhelm wandte sich ab. Die Höflinge rieben sich über die Lippen. Jedem knurrte der Hunger im Magen.
„Wenn es beliebt, werde ich gleich eine neue Festtafel herrichten!" bot Albertus an.
Wilhelm fuhr herum. „Danke, danke, verehrter Meister. Wir haben deine Gastfreundschaft schon viel zu lange in Anspruch genommen. Wir wollen aufbrechen!"
Bedauernd hob Albertus die Hände. „Wenn Ihr auch nicht mit mir über die Gedanken des Aristoteles philosophieren wollt, so möchte ich Euch doch noch etwas von meinen Künsten vorführen."
Der Blick des Königs weitete sich. „Dank, ein für alle Mal Dank, guter Albertus!" In großen Schritten eilte er zur Tür. Ohne sich umzuwenden rief er: „Immer werde ich froh sein, von dir und deinem Wissen zu hören!"
Damit verließ der König die Halle, seine Hofleute hasteten ihm nach.
Der Narr blieb vor Albertus stehen. „Ein schönes Fest. So recht nach meinem Herzen." Mit zwei Fingern faßte er die Spitze seiner Nase. „Solange ich sie festhalte, weiß ich ganz sicher, daß ich eine Nase habe."
Albertus schmunzelte ihm zu. „Du bist ein kluger Mann."
Ohne die Nase loszulassen, huschte der Narr an dem Gelehrten vorbei, knickste artig und lief hinter seinem König her.
Wilhelm bedachte das Kölner Kloster und die hohe Schule des Stifts mit reichen Geschenken. Gern ließ er sich von Albertus Magnus berichten, nie hat er den Wunsch gehegt, noch einmal Gast im Garten des Gelehrten zu sein.

Im November des Jahres 1277 saßen die Studierenden dichtgedrängt im Hörsaal der Prediger-Schule. Ein Raunen lief durch die Reihen, alle Köpfe wandten sich zur Tür. Aufrecht betrat Albertus den Raum, lächelte in die offenen Gesichter und eilte mit großen Schritten durch die Reihen nach vorn zu dem Podest und setzte sich

auf den Lehrstuhl. In erwartungsvoller Stille blickten die jungen Dominikaner den 84jährigen Albertus Magnus an.
„Noch einmal fragen wir nach dem Ursprung, nach dem Sein. Was ist wahr? Wir werden zurückgehen und beschäftigen uns mit dem ‚Denken des Denkens'. Wir versuchen den Gedanken des großen griechischen Philosophen zu folgen. Ihr alle kennt seinen Namen."
Albertus erhob sich, schritt zur weißgekalkten Wand hinter seinem Stuhl, nahm das gespitzte Kohlestück und schrieb in schnellen Strichen „Aristoteles".
Er wandte sich nicht um. Seine rechte Hand krallte sich in den schwarzen Brocken, stieß ihn immer wieder gegen die Wand. Unmerklich erst, dann heftiger zitterte die Gestalt, wie von einem Fieber wurde der Leib geschüttelt, der Kopf sank gegen die Wand. Mit einem Mal beruhigte sich der Körper. Langsam hob Albertus die Hand, setzte das Kohlestück unter den Namen des Philosophen und malte ungelenk die Ohren eines Esels, daneben schrieb er Buchstabe für Buchstabe, bis das Wort „Asinus" an der Wand stand. Er setzte die Kohle nicht ab, fuhr mit einem langen zittrigen Strich bis in die Mitte der weißen Fläche und malte ein großes „A". Nach einer Weile sank sein Arm, mit Mühe wandte sich der große Gelehrte um und strebte auf den hohen Stuhl zu. Er ging, doch jeder Muskel nahm sich seine Zeit.
Erstarrt saßen die jungen Dominikaner.
Endlich hatte Albertus seinen Platz erreicht, sank auf den Sitz und blickte weit über seine Zuhörer hinweg. Der Mund öffnete sich. „Als junger Mönch malte ich ein ‚A'." Seine Zunge bewegte sich schwer, dehnte die Worte, als wolle sie die Sprache zurückhalten. „Damals dachte ich an das Wort ‚Anfang', bis mir das Wort ‚Abschied' in den Sinn kam."
Nach dieser unendlich mühevollen Rede schwieg Albertus, später schloß er die Augen. Die Anstrengung zu sprechen hatte ihn ermüdet. Der große Gelehrte schlief.
Erschüttert und still verließen die Studierenden den Hörsaal.
Die Mitbrüder des Dominikanerklosters führten den alten Mann in seine Zelle. Nach einem Jahr hatte Albertus ein Kindergebet gelernt. Er sprach es jeden Morgen. Wenn er zu Tisch geleitet wurde, lächelte er. Seine Augen blickten freundlich Tag für Tag, bis er sie am 15. November des Jahres 1280 für immer schloß.

„Albertus ist nicht mehr da.“ Die Mönche des Klosters legten den Leichnam in der Kirche Heilig Kreuz zur letzten Ruhe. Sie sangen.

Bürgermeister Hermann Gryn

Wir greifen nur zur Waffe,
wenn es gar nicht anders geht.

Tief im Kellergewölbe der beiden Domherren brüllte der Löwe.

„Ruhe! Ruhe, bitte!" Im nahen Rathaus war Bürgermeister Gryn aufgesprungen und schlug mit der Faust so lange auf den Tisch, bis alle Ratsherren schwiegen.

„Keinen Streit mehr! Keinen offenen Kampf mit dem Erzbischof oder seinen Domherren!" Er zog die buschigen Brauen zusammen, bis sie wie eine dunkle Hecke über seinen Augen standen. „Wir Kölner greifen nur zur Waffe, wenn es gar nicht mehr anders geht. Jeder überflüssige Krieg kostet nur das schöne Geld unserer Stadt!"

Das leuchtete den Männern des Rates ein, sie blickten sich an und nickten. Vorsichtig betasteten einige die breiten Narben am Hals, an der Stirn, an den Wangen. „Ja, seht euch nur an!" rief der Bürgermeister, streifte selbst den Wamsärmel hoch und zeigte die eigene rot vernarbte Wunde auf seinem rechten Arm. „Sehen so edle Patrizier oder wohlhabende Handwerker aus? Zerschlagene Nasen, wie einfache Kriegsknechte!" Eindringlich erinnerte Hermann Gryn die Versammlung an die blutige Schlacht bei Frechen. Vor vier Jahren hatten die Kölner mit dem Durst nach Freiheit und dem Mut der Verzweiflung gegen die Truppen des Erzbischofs gekämpft und schließlich gesiegt. Nach dem großen Schiedsspruch des gelehrten Albertus Magnus hatte der Erzbischof widerwillig der Stadt weitere Rechte zur Selbstbestimmung überlassen müssen.

Nur zögernd war die Ruhe zwischen den Anhängern des mächtigen Kirchenfürsten und den nach Freiheit strebenden Bürgern zurückgekehrt, doch unter der dünnen Haut gärte das Mißtrauen und wühlte der Haß weiter. „Damals mußten wir zum Schwert greifen! Heute aber schreiben wir das Jahr 1262. Ich sage es noch einmal: Keinen Krieg und keinen bewaffneten Streit in der Stadt, das schadet nur dem Geschäft. Jetzt arbeiten wir mit Geschick und kleinen Umwegen so lange an unserem Plan weiter, bis die große Stunde kommt: Freiheit für Köln!"

„Freiheit für Köln!" wiederholten die Ratsherren und begeisterten sich. Ein Kölner Leben, ohne den Befehlen des Erzbischofs zu gehorchen, ohne dem Hohen Herrn Wucherzölle und Abgaben zu entrichten. Wie würde ihre Stadt erblühen!

„Noch ist es nicht so weit", dämpfte der Bürgermeister. „Noch besitzen diese fetten Domherren mehr Rechte in Köln als ihnen zustehen. Noch müssen wir mit unseren Feinden auskommen. Nur deshalb werde ich die Einladung meiner schärfsten Gegner annehmen und morgen mittag im Hause der beiden Domherren speisen."

Entschlossen schob Hermann Gryn den Wamsärmel wieder über die Narbe an seinem Arm und schloß die Ratssitzung.

Tief im Kellergewölbe der Domherren brüllte der Löwe in unbändigem Hunger.

An den Brunnen wuchsen die Löwengeschichten, eilten durch die Gassen und Straßen und wucherten auf allen Plätzen.

„Zwei Ziegen frißt er an einem Tag!" Besorgt zählte der Ziegenhirte seine Tiere.

„Mit einem einzigen Prankenhieb tötet er ein Pferd!" Der Kutscher schüttelte sich entsetzt und gab seinem Gaul mehr Hafer als gewöhnlich.

„Was macht der Löwe in Köln?" fragte ein Junge seine Mutter und zog die Decke bis unter das Kinn.

„Er gehört dem Erzbischof. Alle hohen Herren halten sich Tiere aus fremden Ländern. Das ist vornehm. Die beiden Domherren müssen den Löwen füttern und pflegen." Die Mutter setzte sich an das Bett und strich ihrem Sohn das Haar aus der Stirn. „Du mußt keine Angst haben, er lebt in einem großen Käfig. Die Eisenstäbe sind so stark wie dicke Balken."

Der Junge rollte sich auf die Seite und schob seine Hand in die Hand der Mutter. „Was ist denn ein Löwe?"

„Er ist der König. Sein Kopf ist riesengroß, und er ist stärker als alle anderen Tiere. Aber der Löwe ist auch ein guter Vater." Mit leiser Stimme erzählte die Mutter ihrem Sohn die Geschichte von den Löwenkindern.

„Das ist schön", murmelte der Junge und schlief ein.

Rastlos schritt der Löwe in seinem Gefängnis auf und ab, sprang gegen die Gitterstäbe, riß das Maul auf und brüllte. Seit Tagen hatte er nichts mehr zu fressen bekommen.

Am nächsten Vormittag lief der Junge zusammen mit seiner Freundin an der großen Baustelle des Doms vorbei zum Haus der Domherren hinüber. Atemlos warteten sie, bis das Gebrüll wieder durch die Mauern dröhnte, dann flohen sie zur gegenüberliegenden Straßenseite.
„Alle Löwenkinder sind noch tot, wenn sie zur Welt kommen", flüsterte der Junge. Mit großen Augen blickte ihn seine Freundin an. „Und wie werden sie lebendig?"
„Ganz einfach." Hoch reckte sich der Junge auf und befahl dem Mädchen sich hinzulegen. „Ich bin der Löwenvater. Du bist das Kind, ein ganz häßliches Kind. Drei Tage bist du tot. Jetzt komme ich!" Er plusterte sich und versuchte den Löwenschrei, schritt einen Kreis um das Mädchen und sank auf die Knie. Behutsam beugte er sich über seine Freundin und blies ihr ins Gesicht. „Jetzt kannst du schon Luft holen." Mit der Zunge leckte er einmal über ihren Arm. „So, jetzt bist du schön und ganz lebendig."
Das Mädchen sprang auf und rieb sich den Arm. „Das stimmt doch gar nicht!"
„Doch!"
„Nein!"
„Meine Mutter weiß genau, wie die Löwen auf die Welt kommen!" schrie der Junge und holte zum Schlag aus. Seine Faust wurde festgehalten. Erschreckt fuhr er herum.
„Keinen Streit in der Stadt!" Bürgermeister Gryn lachte und gab die Hand des Jungen frei. Wütend baute sich das Mädchen vor ihrem Freund auf. „Der sagt, daß die Löwenkinder tot zur Welt kommen!"
Mit der Hand winkte der Junge ab. „Mädchen verstehen überhaupt nichts von Löwen."
Hermann Gryn schmunzelte und kratzte in seinen Brauen. „Ich glaube, das mit den toten Löwenkindern ist nur eine Geschichte. Schluß mit dem Streit." Aufrecht, den Kopf hocherhoben, schritt er zum Haus der Domherren hinüber. Er hatte den weiten Festtagsumhang übergeworfen und das Kurzschwert umgegürtet,

würdig gekleidet wollte er bei dem Versöhnungsmahl erscheinen.
Weit wurde die Tür geöffnet. Beide Domherren streckten die Arme aus und zogen ihren Gast ins Haus. „Wie schön, lieber Freund!" sagte der eine. „Willkommen zu unserem Festmahl!" sagte der andere. Das gleiche breite Lächeln stand in ihren Gesichtern. Das gleiche Gewand über den Bäuchen, das gleiche Birett auf den Köpfen, die geistlichen Herren glichen einander wie Brüder. Prangte dem einen nicht eine feuerrote Warze auf der Wange, und funkelten dem anderen nicht Ringe an jedem Finger seiner linken Hand, wären sie kaum zu unterscheiden gewesen.
Sie führten den Bürgermeister bis in die Mitte der Halle, eilten zurück und schoben gemeinsam den schweren Riegel vor die Tür. „Nur zur Sicherheit!" riefen sie vergnügt.
Sofort spannte sich Hermann Gryn, ließ die Hand auf den Schwertknauf sinken, wachsam suchte sein Blick den Raum ab. Er sog den Atem ein. An der Wand gleich neben der Kellertreppe lehnte eine Axt, die breite Schneide war blutverschmiert! Der Bürgermeister erstarrte.
In geschmeidigen Schritten eilte einer der Domherren zu dem kleinen Tisch in der Nische, seine ringschwere Hand griff nach dem Krug und schenkte Wein in drei silberne Becher. „Trinken wir!"
„Beenden wir heute diese unselige Feindschaft." Jedes Wort bewegte die Warze auf der Wange des anderen.
Zögernd griff der Bürgermeister nach dem Wein. „Keinen Streit mehr in der Stadt", nickte er fahrig, nippte, sah kurz in die unentwegt lächelnden Gesichter und starrte wieder zu der Axt hinüber. Die geistlichen Herren folgten seinem Blick.
„Wie dumm von mir! Wie dumm!" Eilfertig ging der beringte Domherr zur Treppe und faßte den Schaft der Axt. „Entschuldige meine Nachlässigkeit, lieber Bürgermeister. Bevor du kamst, habe ich noch rasch das Futter zerkleinert." Er trippelte einige Stufen in den Keller hinunter und kehrte ohne die Axt zurück.
Hermann Gryn atmete erleichtert. Natürlich, der Löwe. Jeden Tag frißt er zwei Ziegen, ging es ihm durch den Sinn. Er trank einen großen Schluck. „Woher nehmt ihr nur das viele Fleisch?"
Der Domherr rieb mit dem Finger über seine Warze. Leicht blies er die Lippen, bevor er sprach. „Auf den Tafelgütern des Erzbischofs werden Kälber gemästet, die nur für unseren Liebling bestimmt sind."

Über dieses Kosewort lachten die drei Männer herzlich und hoben ihre Becher.
Tief aus dem Kellergewölbe grollte es, schwoll an, dann brüllte der Löwe auf, an den Wänden der Halle dröhnte sein Brüllen zurück. Stille - und gleich wieder, als öffne sich ein Höllenschlund.
Freundlich legte der Domherr seine Hand mit den Ringen auf den Arm des Bürgermeisters. „Er hat Hunger. Wenn du nichts dagegen hast, werden wir erst die Katze füttern, bevor wir unseren Hunger stillen."
Sofort war Hermann Gryn einverstanden. Noch nie hatte er einen Löwen aus der Nähe gesehen. Eine Raubtierfütterung, dieses Schauspiel wollte er nicht verpassen! Auf der nächsten Ratssitzung werde ich auch von dem Löwen berichten, nahm er sich vor. Jeder Bürger soll wissen, wie das Tier gehalten wird, was es frißt. So werden endlich die furchterregenden Gerüchte in der Stadt aufhören.
Die Domherren geleiteten den Bürgermeister zur Treppe, und gemeinsam stiegen sie in den Keller hinab. Scharfer Geruch schlug Hermann Gryn aus dem Gewölbe entgegen, ohrenbetäubend wurde das Brüllen. Der Löwe! Mitten in dem großen Käfig stand er und starrte die Männer an, warf Haupt und Mähne seitlich zurück, in der selben Bewegung riß er das Maul auf und stieß seinen Schrei aus dem tiefen Rachen. Diese Fangzähne, größer als Dolche, der Speichel tropfte ihm von den Lefzen!
Stolz ballte der Domherr seine beringte Faust. „Selbst Daniel könnte ihn nicht beruhigen. Bei all seiner Kraft könnte selbst Samson unseren Löwen nicht bezwingen."
Die Bestie sprang, richtete sich an den Gitterstäben auf, überragte die Männer, brüllte wieder und kehrte in die Mitte des Gefängnisses zurück. Obwohl ihn dieses Ungeheuer aus Muskeln und Sehnen entsetzte, war der Bürgermeister gebannt von seiner ungezähmten Kraft.
„Er riecht sein Fressen." Rot glühte die Warze. Der Domherr zeigte auf die Fleischbrocken vor dem Gitter und griff nach dem langen Dreizack.
„Wir beginnen mit der Fütterung!" rief der andere Domherr und schob den Riegel des Fallgitters zurück. Im flackernden Licht der Öllampen an den Gewölbemauern funkelten seine Ringe auf. „Komm Bürgermeister, tritt näher heran. Hier, von dieser Stelle

siehst du noch besser, wie er das Fleisch in sich hineinschlingen wird!"
Dicht stellte sich Hermann Gryn vor das eiserne Gatter. Unverwandt starrte er das Raubtier an.
Der Domherr spießte einen großen Fleischfetzen auf die spitzen Zacken und schob ihn durch die Stäbe. Sofort schlugen beide Pranken zu, rissen den blutigen Brocken von dem Spieß. Atemlos verfolgte der Bürgermeister diese wilde Gier.
Das Fallgitter glitt nach oben. Ein heftiger Stoß! Hermann Gryn stürzte in den Käfig, stolperte und schlug hart an die Stäbe der gegenüberliegenden Seite. Das eiserne Gatter fuhr herunter und knallte auf die Steinplatten. Schnell schob die beringte Hand den Riegel vor.
„Das ist das Ende unserer Feindschaft, lieber Bürgermeister!" triumphierte der Pfaffe mit der Warze. „Nie mehr wirst du dich gegen den Erzbischof auflehnen."
Sein Freund kicherte, sie lachten gemeinsam und verließen das Kellergewölbe.
Hingekauert hatte der Löwe den Rest des Fleischbrockens verschlungen. Er wandte den Kopf. Tiefes Grollen erbebte seinen Leib.
Ohne den Blick von dem Raubtier abzuwenden, streifte Hermann Gryn den weiten Umhang von den Schultern.
Der Löwe erhob sich.
Hastig wickelte Hermann Gryn den Mantel um die linke Hand, um den ganzen Arm.
Der Löwe duckte sich.
Mit schnellem Griff zückte Hermann Gryn das Kurzschwert.
Der Löwe brüllte und sprang, das Maul weit aufgerissen.
Gerade streckte ihm Hermann Gryn den dick umwickelten Arm entgegen, stieß ihn der Bestie tief in den Rachen, seine Rechte fuhr hoch und trieb das Schwert bis zum Heft in den Leib, in das Herz des Löwen.
Sie stürzten. Rücklings schlug der Bürgermeister auf den Steinboden, und das Raubtier begrub den tapferen Mann unter sich. Noch zuckte die Bestie, wälzte sich im Schmerz. Die scharfen Fangzähne drangen durch den Mantelstoff und furchten eine tiefe Wunde in den linken Arm des Bürgermeisters, dann starb der Löwe.
Das Grauen ließ Hermann Gryn nicht los, gab ihm neue Kraft, und

stöhnend zog er seinen Arm aus dem Rachen, stieß den schweren Körper zur Seite und riß das Schwert aus dem Herzen des Löwen. Der Umhang hatte ihn geschützt, dennoch quoll das Blut aus der Armwunde. Unter heftigen Schmerzen schob der Bürgermeister den Riegel zurück, hob das eiserne Fallgitter an und kroch durch den niedrigen Spalt.

Erst an der Treppe verließ ihn die Kraft. Er sank auf die Stufen und rang nach Atem. Langsam wich das Entsetzen, und Zorn pulste in Hermann Gryn auf, griff kalt nach seinem Herzen und stand wie Eis in seinen Augen. Ohne zu schwanken stieg er die Stufen aus dem Kellergewölbe hinauf. In der Halle stockte er. Die schwere Haustür war weit geöffnet. Mit dem Rücken zu ihm standen die beiden Pfaffen draußen auf der Vortreppe, die gleichen Gestalten, die gleichen Gewänder. Immer wieder hoben sie die Arme, laut klagten sie, sprachen und jammerten zu der Volksmenge hinunter.

„Ein schreckliches Unglück! Wir haben gegessen, getrunken. Wir haben endlich Frieden geschlossen!"

„Der Bürgermeister wollte den Löwen sehen!"

Warnend fuhr die Hand mit den Ringen nach oben. „Geh nicht zu dicht an das Gitter!"

Die Menge schwieg entsetzt.

„Zu spät!" schluchzten die Pfaffen gleichzeitig auf. Mit bebender Stimme berichteten sie, wie der Löwe den Bürgermeister am Kopf gepackt und ihn erbarmungslos zwischen den Stäben hindurch in den Käfig gezerrt hatte. „Kein Samson, kein Daniel kann diesen Löwen töten!"

Frauen, Kinder und Männer schlugen die Hände vor ihre Gesichter. Einige weinten.

„Nur der Bürgermeister von Köln kann diesen Löwen besiegen!"

Gleichzeitig flogen die Köpfe der Pfaffen herum. Zwischen ihnen hindurch trat Hermann Gryn auf die Vortreppe, in seiner rechten Hand hielt er das blutverschmierte Schwert. Ehrfürchtiges Staunen lief durch die Reihen der Bürger, sie reckten die Arme. Ein einziger nicht enden wollender Schrei jubelte ihrem Bürgermeister entgegen. Die beiden Paffen sanken auf die Knie und rangen die Hände. Sie brachten kein Wort mehr über ihre Lippen.

Noch zur gleichen Stunde saßen die Schöffen zu Gericht. In dem überfüllten Saal berichtete Hermann Gryn von der heimtückischen

Freundlichkeit und dem grausamen Plan der Angeklagten. „Von nun an müssen wir Tag und Nacht vor den Anhängern des Erzbischofs auf der Hut sein. Einige dieser Pfaffen sind niederträchtige Mörder!" Ausführlich schilderte er seinen Kampf mit dem Löwen. Als er siegte und sich aus dem Käfig schleppte, seufzten die Anwesenden tief. Der tapfere Held hob das Schwert und seine Stimme. „Ich sagte, wir Kölner greifen nur zur Waffe, wenn es gar nicht mehr anders geht!" Die Bürger ließen ihren Hermann Gryn hochleben, und die Schöffen verurteilten die beiden Pfaffen zum Tode.

In der Nähe des Domklosters wurden zwei gleich lange Stricke durch die Löcher eines Torbalkens gezogen. Die gleiche Sühne für die gleiche Schuld!

Spät am Nachmittag schleppten vier Knechte den toten Löwen aus dem Haus der Domherren und legten ihn für alle sichtbar auf die Vortreppe.

„Siehst du, das ist ein Löwe", erklärte der Junge mit wichtiger Stimme seiner Freundin. „Den hat unser Bürgermeister besiegt."

„Und wenn du jetzt pustest, wird er dann wieder lebendig?"

Der Junge stemmte seine Fäuste in die Seiten. „Du verstehst wirklich nichts von Löwen!"

Die Schlacht bei Worringen

Die Freiheit ist erstritten
und bezahlt worden.

Freitagabend, den 4. Juni 1288! Auf dem Platz vor dem Kölner Rathaus drängten sich die Männer um den Patrizier Gerard Overstolz. Im harten Rhythmus schlugen sie ihre Schwerter an die Schilde. „Kampf und Sieg! Kampf und Sieg!" Sie schrien und riefen sich den Mut in ihre Herzen. „Kampf und Sieg! Kampf und Sieg!"

Dicht an die Mauern gepreßt, an den Ecken und in den Gassen rund um den Platz, warteten die Kölner Frauen. Furcht und Ahnung schnürten ihre Kehlen, aus weitgeöffneten Augen blickten sie zu dem lärmenden Haufen hinüber.

Welcher Trank treibt Männer in solch eine ungezügelte Lust, sich mit dem Tod zu messen, welches Gift betäubt die Angst vor dem Sterben? Noch vor der Schlacht trennt der Krieg die Mutter von ihrem Sohn, das Mädchen von dem Geliebten, die Frau von ihrem Ehemann. Noch vor dem Kampf beginnt das angstvolle Warten der Frauen auf die Rückkehr.

Mit einem Satz sprang Gerard Overstolz auf den Karren und stellte sich neben die eisenbeschlagene Holzkiste. Er hob seine gefesselten Hände. Sofort verstummte das Gejohle und Lärmen. „Es gibt kein Zurück mehr! Morgen kämpfen wir für unsere geliebte Stadt! Erzbischof Siegfried bewacht alle Handelsstraßen, die nach Köln führen. Wie ein Raubritter läßt er die Wagenkolonnen plündern. Er will unsere Stadt in die Knie zwingen. Doch ich sage: Nieder mit diesem falschen Pfaffen!"

„Nieder mit den Pfaffen! Kampf und Sieg!" antworteten die aufgewühlten Männer.

„Allein waren wir zu schwach, aber jetzt ist unsere Stunde gekommen." Mit den gebundenen Händen zeigte der Patrizier weit über die Köpfe der Menge hinweg. „Vor den Toren Kölns liegen sich die Heere der mächtigsten Fürsten gegenüber. Morgen kämpfen die

Großen um die politische Macht in unserem Land. Wir schließen uns den Truppen des Herzogs von Brabant an, mit ihrer Hilfe werden wir Erzbischof Siegfried besiegen."
Hoch richtete sich der vornehme Ritter auf, spannte die Armmuskeln und zerrte an den Handfesseln, zerrte, bis die Fasern des Stricks zerrissen. Er streckte den Bürgern die befreiten Hände hin. „So werden wir morgen unsere Fesseln sprengen!" Jubel brandete auf, doch Gerard drückte die Begeisterung mit einer Armbewegung nieder. „Wartet! Hört mich an. Morgen kämpfen der Ritter und der einfache Mann Seite an Seite um das gemeinsame Ziel: Freiheit für Köln!" Gerard Overstolz öffnete den Deckel der Kiste. Der Bürgermeister trat an den Karren heran und reichte dem Ritter einen großen Schlüsselring hinauf. Gerard zeigte ihn den Männern. „An diesem Bund hängen die zwölf Torschlüssel unserer Stadt. Ich lege sie in die Truhe, und wir nehmen sie als Unterpfand mit in die Schlacht. Auf diesem Karren, in dieser Truhe liegt jetzt unser Köln. Dem Sieger wird die Stadt gehören - uns, den Bürgern, oder diesem Pfaffen! Morgen nach der Frühmesse führe ich euch nach Worringen, dort treffen wir unseren Verbündeten. Auf der Fühlingerheide werden wir Siegfried und seine Truppen in die Erde stampfen!"
„Kampf und Sieg!" Die Kölner jubelten ihrem Anführer zu, als wäre die Schlacht schon gewonnen.
Nur die Frauen erkannten sie, die Gestalt im grauen Umhang, den Hut tief über den Schädel gezogen, als sie aus der Mitte ihrer Männer trat und gemächlich den Platz verließ.

Freitagabend, den 4. Juni 1288. Rund um den Hügel der Abtei von Brauweiler und weit in die Ebene hinein standen die Zelte der Truppen des Erzbischofs und seiner Verbündeten. Die Wachtfeuer loderten. In Gruppen hockten die kriegserfahrenen Lehnsleute und Söldner beisammen, stetig kreiste der Bierkrug, und sie erzählten sich Heldentaten, lachten und stimmten Gesänge an, grölten von reicher Beute und vom mutigen Sterben, bis sie alle Furcht vor dem nächsten Tag vertrieben hatten.
Am Rand des Lagers flackerten kleine Feuer. Knechte, Hirten und Gesellen starrten furchtsam in die Flammen. Sie gehörten dem Erzbischof und waren zur Schlacht befohlen worden.
Auf dem Boden seines Feldherrnzeltes umriß Erzbischof Siegfried mit der Schwertspitze die Lage der Fühlingerheide, kreuzte den

Sumpf an, zeichnete das Rheinufer. Noch einmal legte er den verbündeten Grafen und Herzögen seinen Schlachtplan dar. Als er geendet hatte, stieß er das Schwert tief in die Mitte seiner Zeichnung. „Nach der Messe marschieren wir ab, zur neunten Stunde wird die Schlacht beginnen, und mit Gottes Hilfe werden wir siegen! Wir werden die Länder der Besiegten unter uns aufteilen, das verspreche ich bei meiner Ehre. Gleichzeitig aber werde ich wieder der Herr meiner Hauptstadt sein." Fest ballte er die Faust. „Ich werde in Köln Gericht halten. Mit Blut und Geld werden die Bürger bezahlen. Sie werden bereuen, sich gegen ihren Bischof verschworen zu haben. Niemand in der Stadt wird es je wieder wagen, mir den Gehorsam zu verweigern, das schwöre ich bei Gott!"
Unbemerkt verließ die Gestalt im grauen Umhang das Zelt. Den Hut tief über den Schädel gezogen, umschritt sie den machtvollen Streitwagen des Erzbischofs. Die Räder waren durch Holzplanken und Beschläge geschützt, bis hoch hinauf zur Plattform glänzten die geschmiedeten Eisenplatten. Von Pferden gezogen sollte morgen das Kastell in die Schlacht rollen. Ohne Hast schritt die dürre Gestalt durch die Lagergassen. Der wehende Mantel zog einen kalten Hauch. Noch dichter rückten die Knechte, Hirten und Gesellen zusammen.

Freitagabend, den 4. Juni 1288. Vor Worringen, zwischen Burg und Fühlingerheide, lagerten die Heere der Gegner des Erzbischofs. Gemeinsam mit dem Grafen von Berg überprüfte der Oberbefehlshaber Herzog Johann von Brabant die Wachen an der Pferdekoppel. „Gebt ihnen noch ordentlich zu saufen und zu fressen!" befahl der Herzog. „Morgen früh bekommen die Gäule nur noch wenig, sonst hängen ihnen die Bäuche zu schwer."
Auch seine Kriegsknechte sangen vom Heldentod, grölten gegen die Angst an. Graf Adolph von Berg führte den General etwas abseits der langen Zeltreihen zu einem hell lodernden Feuer. Männer in schlichten Kitteln und Kappen tanzten um die Flammen. Zu den schwerfälligen Schritten stießen sie, abgehackt und immer wieder, zwei Worte aus.
„Dort tanzen meine Bauern."
„Was murmeln sie vor sich hin?"
„Meine Bauern stärken sich mit ihrem Schlachtruf. Morgen werden sie mit ‚Berge roemrijk!' auf den Lippen in den Kampf stürmen.

‚Berge roemrijk!' Mit ganzem Herzen kämpfen sie für das ruhmreiche Berg."
Nachdenklich blickte der General auf den Waffenberg aus Dreschflegeln, Äxten und Heugabeln. „Morgen werden wir jeden Mann brauchen, der mutig für unsere Sache kämpft." Er legte dem Grafen beide Hände auf die Schultern. „Lieber Freund, wir sind gerüstet, die Ritter, wie das einfache Fußvolk! Noch nie standen sich so riesige Heere gegenüber. In aller Frühe wird der Pfarrer eine Messe lesen und uns den Segen des Allmächtigen spenden. Bei Tagesanbruch stoßen noch die Kölner Truppen zu uns. Ich erwarte mehr als tausend bewaffnete Bürger! Wir werden siegen, wir werden den Erbstreit um die Limburger Länder für uns entscheiden und noch mehr dazugewinnen. Vor allem aber werden wir diesem tollwütigen Erzbischof und seinen Bastarden das Vater Unser lehren!"
Unbeweglich und den Hut tief über den Schädel gezogen wartete die Gestalt im grauen Umhang, bis Ruhe in den Zelten eingekehrt war. Lautlos ging sie über die Wiesen davon, glitt über den Sumpf und schritt in die Fühlingerheide hinein. Wie ein Tuch lag der Frühnebel bereits über den Gräsern und zwischen den Büschen. Mitten in der weiten Ebene ließ sich die Gestalt auf einem Stein nieder. Die knöchrige Hand nahm das Stundenglas unter dem Mantel hervor und stellte es neben sich. Noch ruhten die Sandkörner in der unteren Hälfte. Die Tafel war gedeckt, die Tischgesellschaft hoch willkommen.

Blau spannte sich der Himmel über der Fühlingerheide, die Sonne war längst aus dem Osten gestiegen und wärmte den Junimorgen. Vogelgezwitscher begrüßte unbekümmert den Tag des heiligen Bonifatius.
Hornrufe! Am nördlichen Rand der Heide blitzten Helme im Sonnenlicht, Rüstungen, Pferde schnaubten, standen bald in langen Reihen. Auch im Westen der Ebene spiegelte sich das Licht in den Schilden der Ritter, funkelte an den Spitzen der Lanzen. Auf beiden Seiten marschierte das Fußvolk. Lehnsknechte, Söldner und Bogenschützen bildeten Linie nach Linie. Aufgerichtet stakten die Speere und Spieße, dicht an dicht formten sie die riesigen Schuppenleiber. Rechts und links der Hauptheere trabten Ritter auf, ganz in Eisen, gefolgt von Kriegern zu Fuß, sie spannten die Flügel der Schlachtordnung. Auf beiden Seiten der Fühlingerheide lauerten

jetzt die furchtbaren Kriegsdrachen. Bunt leuchteten die Wimpel und Fahnen über den waffenblitzenden Echsen. Auf der Stirn des Ungeheuers am westlichen Rand der Heide, hochoben, noch über der Plattform der fahrbaren Festung, prangte das Banner des Erzbischofs. Über dem ritterbewehrten Maul des Drachens am nördlichen Rand des Schlachtfeldes wehte das Banner des Herzogs.
Ohne Hast legte die Gestalt im grauen Umhang den Hut zur Seite, wandte den weißen Schädel nach Westen, nach Norden. Die knöchrige Hand faßte das Stundenglas und drehte es um.
Fanfaren verkündeten die neunte Stunde!
Schnaubend richteten sich die Kriegsungeheuer auf. Hufe dröhnten, Schreie gellten langgezogen über die Fühlingerheide, dichter, dichter! Schon spien die Drachen Pfeile aus, Männer starben, fielen, doch der Schrei zog über sie hinweg, dichter, dichter, bis die Lanzen gegen Schilde krachten, Pferde gegen Pferde prallten und endlich Schwerter und Äxte die Kettenhemden sprengten und Blut die Gier nach Blut hochpeitschte. Aufbrüllend verbissen sich die Echsen ineinander, zerfleischten sich Glied um Glied.
Ritter stürzten auf den Heideboden. Hilflos zappelten sie in ihren eisernen Panzern. Pferdehufe zertrampelten sie, oder die Räder des Streitwagens zerquetschten Mann und Rüstung. Von der hohen Plattform hinunter stießen und stachen Söldner die Ritter aus den Sätteln. Neben seiner rollenden Festung ritt Erzbischof Siegfried gegen das Fußvolk, hieb und schlug auf die Helme ein.
Geschwächt wichen die vordersten Reihen des Herzogs von Brabant zurück.
„Sieg! Sieg!" brüllten sich die Grafen und Verbündeten des Erzbischofs zu, und ihre Fußknechte stürzten mit neuer Kraft über die Wankenden her.

Noch stand die Kölner Schlüsseltruhe auf dem Karren am nördlichen Rand des Schlachtfeldes in Sicherheit. Vor ihrem wertvollsten Schatz warteten Gerard Overstolz, seine Ritter und die einfachen Bürger der Stadt auf den Befehl zum Angriff. Weiter vorn stampften die bergischen Bauern ungeduldig mit den Füßen, die Dreschflegel und Heugabeln zum Kampf erhoben.
Näher rollte der Streitwagen, lauter schrien die Anhänger des Erzbischofs, furchtbar wuchs das Gebrüll der Verwundeten und Sterbenden.

Nur mit Mühe trieb der Kurier des Herzogs sein Pferd bis zu dem Trupp der bergischen Bauern. Aus dem aufgeschlitzten Bauch des Tieres quoll das Blut. „Angriff!" keuchte der Melder. Sein Pferd knickte in die Vorderbeine, stürzte zur Seite und wälzte sich über den Kurier. Pferd und Mann starben zur selben Zeit.

„Berge roemrijk! Berge roemrijk!" Der Schlachtruf gellte den Bauern voran. Schon stampften ihre ersten Reihen in den Gegner hinein, mähten und droschen und wurden schließlich selbst zerhackt. Voll Grauen wandten sich die nachfolgenden Bauern um. Sie wollten sich sammeln, um neu loszustürmen.

„Freiheit für Köln!" schrie Gerard Overstolz. „Freiheit für Köln!" Seine Männer rannten, rissen die wankenden Bauern wieder mit nach vorn. Die Kölner Ritter stießen ihre Rüstschuhe in die Flanken der Pferde. „Freiheit für Köln!" Doch die eigenen Fußleute und die bergischen Bauern verhinderten das Vorpreschen der Reiter. Overstolz sah, wie seine Männer in die Lanzen und Schwerter der Gegner stürzten, starben, selbst den Tod austeilten, starben und starben.

Der Streitwagen des Erzbischofs rückte näher.

„Freiheit für Köln!" schrie Gerard verzweifelt. Er wollte für seine Stadt kämpfen. Er mußte nach vorn zu seinen Männern. Alles in ihm schrie: „Freiheit für Köln!" Hastig beugte er sich über den Nacken des Pferdes, stemmte sich in dem Sattel hoch, zerrte das eisengeschützte rechte Bein über die Kruppe und rutschte hinunter. Der harte Aufprall, die Last der Rüstung ließ ihn schwanken, doch Gerard fiel nicht, stützte sich auf das Schwert, bis er das Gleichgewicht wiederfand. Er versuchte zu laufen, wollte seinen Männern nachrennen. Das Visier heruntergeklappt, aufrecht gehalten durch den Harnisch, so tapste er in die Schlacht.

Vier Söldner des Gegners umkreisten den Ritter und stachen ihm die Lanzen zwischen Brust- und Rückenpanzer in beide Seiten. Wie eine Puppe aus Eisen schlug Gerard Overstolz rücklings auf die Erde, bewegte noch Arme und Beine. Die Söldner hackten mit ihren Schwertern auf den Helm, schoben die Schneiden unter die Platten des Nackenschirms, erbrachen den Panzer und stießen immer wieder zu, bis das Zucken aufhörte. Die Räder der Festung holperten über den tapferen Kölner Ritter. Er starb in der zweiten Stunde des Nachmittags.

„Berge roemrijk!" „Freiheit für Köln!" Lauter gellten die Rufe. Sie

lockten den Streitwagen auf sumpfigen Boden, die Räder sanken in den Morast, und das todbringende Kastell schwankte. Söldner, Ritter, Kölner und Bauern umzingelten den Erzbischof und seine Festung, nahmen sie im Sturm und schlugen jubelnd das Banner von der Plattform. Wild kämpfte Erzbischof Siegfried weiter, bis ein Schwerthieb den Hals seines Pferdes durchtrennte. Ehe er stürzte, packten ihn zwei Söldner und hielten ihn fest. Siegfried öffnete das Visier, blickte auf und sah in die Augen des Grafen von Berg.
„Führt ihn weg!" befahl Graf Adolph. „Bewacht ihn gut. Noch ist die Schlacht nicht gewonnen!" Die dritte Nachmittagsstunde war angebrochen.
Noch einmal bäumten sich die Truppen des Johann von Brabant und seiner Verbündeten auf, wuchsen über sich hinaus, und in der fünften Stunde lag der Drachen des Herzogs blutend über dem Drachen des Erzbischofs. Die Schlacht war entschieden.
Die Verlierer stolperten davon, niemand verfolgte sie. Die gefangenen Grafen, Hauptleute und der Erzbischof wurden weggeführt, niemand versuchte zu fliehen. Die Sieger stolperten zu ihren Zelten, niemand vermochte laut zu jubeln. Die todwunden Männer blieben zwischen den geschlachteten Leibern auf der Fühlingerheide zurück, nur einer hörte ihr Stöhnen und Wimmern.
Die Gestalt im grauen Umhang zog den Hut tief über den Schädel. Noch hielt die knöchrige Hand das Stundenglas, noch war das Festmahl nicht zu Ende.
Erst in den Abendstunden erreichten die Kölner wieder ihre Stadt. Einige Pferde trotteten durch das Stadttor, sie trugen erschöpfte, verwundete Ritter. Hinter dem Karren torkelten die blutverschmierten Bürger. Auf der Ladefläche jammerten die Verwundeten, lagen zusammengekrümmt, lagen blutend über der Schlüsseltruhe. So brachten die siegreichen Kölner ihr Unterpfand aus der Schlacht zurück.
Vor dem Rathaus sanken die Erschöpften auf die Steine. Die Kölner Frauen suchten nach ihren Männern, blickten in die verschmierten Gesichter. Nur einige schluchzten vor Glück und schleppten den Sohn, den Geliebten, den Ehemann nach Hause. Einige! Mehr als siebenhundert Frauen blieben auf dem Rathausplatz zurück, blieben und starrten auf die Truhe mit den zwölf Schlüsseln. Die Freiheit von Köln war am Bonifatiustag im Jahre 1288 erstritten und bezahlt worden.

Richmodis von Aducht

Eher werden meine beiden Schimmel
oben auf dem Speicher stehen.

Die Freiheit ist kein wertvoller Ring, den Frauen und Männer stolz am Finger tragen können. Sie ist kein Juwel, der in einer Stadttruhe eingeschlossen werden kann. Die Freiheit ist kein bloßes Ding, das man leicht erwirbt und dann für immer besitzt!

Wie ein Kind lag die Selbständigkeit in der Stadtwiege von Köln, so lange ersehnt, so schmerzvoll im Jahre 1288 auf dem Schlachtfeld empfangen. Die Kölner umhegten die Freiheit ihrer Stadt und schützten sie vor Bischöfen, Königen und Päpsten, wie Mutter und Vater stritten sich Zunft und Adel um das Wohlergehen ihrer gemeinsamen Tochter. Alle Versuche von außen, dem empfindsamen Kind durch Zölle, Gesetze und Drohungen zu schaden, versuchten die wachsamen Eltern mit Geschick und klugen Verhandlungen abzuwehren.

So war Köln in den vergangenen Jahrzehnten neu erblüht, selbstbewußt reckten sich die Kirchtürme, und längst schon ruhten die Gebeine der Heiligen Drei Könige in dem schon fertiggebauten, schon geweihten Chor des Domes!

Bunt schimmerte das Sonnenlicht durch die hohen Glasfenster und tauchte Altar und Gemeinde in frohe Festlichkeit. An diesem Sonntag, im Mai des Jahres 1346, legte der Pfarrer von St. Aposteln die Hand der schönen Richmodis von Lyskirchen in die Hand des jungen Stadtrates Mengis von Aducht. Hochzeit in Köln!

Draußen vor dem Portal der Kirche drängten sich die Bürger. Mädchen und Jungen hockten auf den Ästen der Bäume, um das Brautpaar besser sehen zu können. Bis zum Abend feierten die beiden Patrizierfamilien den Ehebund ihrer Kinder, ließen das Volk an ihrer Freude teilnehmen, großzügig verschenkten sie Honigäpfel und schlugen Fässer mit gesüßtem Wein an. Der Jubelzug geleitete

ADUCHT

das junge Paar bis zu dem geschmückten Haus am Neumarkt. Blankgeputzt leuchtete der Papagei aus dem Wappenschild der Familie Aducht. Entlang des Firstes, über dem Pferdestall und hoch oben auf dem Turm flatterten weiße und rote Wimpel. Mägde und Knechte warteten neben dem weitgeöffneten Tor und klatschten ihrer jungen Herrschaft entgegen. Aller Jubel spiegelte sich in den Gesichtern der Vermählten, sie lachten, und jeder trank das Glück aus den Augen des anderen.
Spät in der Nacht sagte Richmodis leise: „Obwohl es dunkel ist, kann ich dich sehen."
Mengis von Aducht nahm ihre Hand. „Halte mich fest", flüsterte er. „Nur mit dir fühle ich mich frei."
Hochzeit in Köln! Die hohe Zeit erfüllte das Haus am Neumarkt.

In einem Hafen am Mittelmeer taumelten von Schüttelfrost und Fieber geschwächte Matrosen über die Planken ihrer Schiffe und schleppten im Jahre 1347 den schwarzen Vogel Pest an Land. Mit schwerem Flügelschlag erhob er sich und flog über ganz Europa. In seinen Krallen trug er den Tod, streifte Dörfer und Städte und hinterließ seine bläulichen Flammen. Sie sprangen von Haus zu Haus. Aus seinen Schwingen regneten giftige Pfeile. Wahllos trafen sie Arme und Reiche, die Guten und die Bösen. Pestvogel, sein übelriechender Dunst senkte sich über die Länder und fraß sich in das Leben der Menschen.
Im Jahre 1349 breitete er die Schwingen über Köln und schwärzte die Sonne! Auf den Straßen und Plätzen wagten die Bürger kaum noch zu atmen, niemand wagte es noch, dem Nachbarn die Hand zu geben, und täglich starben mehr als Hundert. „Jeder Leichnam muß sofort beerdigt werden!" lautete der Ratsbeschluß, und vor den Türen lagen die Särge. Ohne Pause rumpelte der Totenkarren über das Pflaster der Gassen.
Erst nach einem Jahr atmeten Richmodis und Ritter Mengis auf. Der schwarze Tod hatte ihr Haus verschont. Seit Wochen schon verteilte Richmodis Kleidung und Speisen an die Unglücklichen, denen die Pest den Vater oder die Mutter entrissen hatte. Unermüdlich eilte sie von Tür zu Tür, fand die Hungernden in Durchstiegen und Winkelgassen, oft lehnte sie selbst ermattet an einer Mauer, raffte sich wieder auf, hetzte weiter und linderte die Not der Ärmsten. Bald war sie der Hoffnungsschimmer für die verwaisten Kinder in der Stadt.

„Du bist erschöpft, Richmodis.“ Voller Sorge nahm Mengis seine Frau in den Arm. „Ruh dich aus. Laß doch unsere Mägde die schweren Körbe durch die Straßen tragen!“
„Nein Mengis, ich finde keine Ruhe mehr.“ Sie löste sich aus der Umarmung und starrte auf den Ring an ihrer Hand. „Diesen Edelstein schenktest du mir als Zeichen deiner Liebe. So hell, so blau sollten einmal die Augen unserer eigenen Kinder strahlen. Ich hab ihn nicht verdient! Jeden Tag liege ich auf den Knien und bitte um ein Kind, unser Kind.“ Weinend verbarg sie ihr Gesicht in den Händen. „Wenn uns schon dieses Glück versagt bleibt, so will ich zumindest für die elternlosen Kinder der Stadt sorgen!“
Stumm führte der Ritter seine Frau zum Fenster, und lange starrten beide auf den Neumarkt hinunter. Auch Mengis trug schwer an dem Kummer, ohne Kinder, ohne Erben zu sein. Später sagte er: „Unser Schicksal liegt in Gottes Hand. So lange ich lebe, gehöre ich zu dir.“

Im Jahre 1357 kehrte der Pestvogel zurück, nistete in Köln und schüttelte das todbringende Gift aus seinem Gefieder. Am Abend kehrte Frau Richmodis blaß und zitternd zurück. In der Nacht wurde sie von Fieber geschüttelt. Angstvoll wachte Mengis an ihrem Lager.
Als der Morgen graute, blieb es still in dem prächtigen Haus, direkt am Neumarkt. Mägde und Knechte umwickelten die Holzschuhe und Stiefel mit dicken Stofflappen, und die Gespräche in Küche und Stall verebbten zu einem Flüstern. Das Lachen schwieg.
Mengis wich nicht mehr vom Bett seiner geliebten Frau. In den Morgenstunden des dritten Tages öffnete Richmodis die Augen, ihre Lippen zitterten, und mit letzter Kraft hauchte sie: „Mengis, bitte nimm den Ring zurück.“ Sie schob ihre Hand über die Decke. „Nimm ihn. Denke an mich, doch überwinde die Trauer. Gib ihn einer anderen Frau, sie wird dir Kinder schenken.“
Sie lächelte ihm zu, bis alle Kraft wich und sie die Lider schloß.
Nur flüchtig hielt der schnell gerufene Arzt eine Flaumfeder vor den Mund der Kranken, kein Atmen mehr, kein Härchen bewegte sich. „Sie ist tot.“ Für Mitleid war keine Zeit. „Ich werde die Totengräber in dein Haus schicken.“ Kurz hob der übermüdete Arzt die Hände. „Jeder Leichnam muß sofort weggeschafft werden. Nur so können wir die Lebenden vor der Pest schützen.“ Mengis nickte

stumm. Hastig verließ der Arzt das Zimmer, eilte zum nächsten Haus, zum nächsten Sterbenden.
In der kurzen Stunde, die ihm noch blieb, saß Mengis leergeweint neben Richmodis. „Den Ring gab ich dir als Zeichen meiner Treue. Nie soll er einer anderen Frau gehören. Das Funkeln des Steins wird dir in der Finsternis leuchten, bis ich dir nachfolge und dich wiederfinde."
Laut rumpelten die Räder über das Pflaster zur nahen Apostelkirche hinüber. Mit gesenktem Kopf folgten Mengis von Aducht, die Mägde und Knechte dem Karren. Der Totengräber und seine drei Helfer wuchteten den offenen Sarg herunter und schleppten ihn gleichmütig auf den Kirchhof. Es waren Männer, die durch den häufigen Anblick des Todes kalt geworden waren. Gleichgültig betrachtete der Totengräber den Leichnam, stockte, seine Augen weiteten sich für einen Moment, und wieder gleichgültig trat er einige Schritte zurück.
Teilnahmslos murmelte der Pfarrer ein schnelles Gebet und befahl die Seele der Verstorbenen in Gottes Hand, verzweifelt kniete Mengis nieder, doch schon zog ihn der Geistliche von seiner geliebten Frau weg. Kurz war der Abschied, wenn die Pest in der Stadt regierte.
Mit vier großen Nägeln verschlossen die Leichenknechte den Sarg und trugen ihn zur Totenhalle hinüber. Erst morgen sollte Richmodis in ihre Grabkammer gebracht werden. Jetzt war keine Zeit, wie Unrat lagen die Toten in Köln, und wieder rumpelte der Karren durch die Gassen.

Beißender Qualm stieg aus dem Kamin und zog träge durch die Spelunke am Neumarkt. Die wenigen Gäste blickten zu Boden, als die Totensammler laut und herrisch eintraten, nach Bier riefen und sich in der dunkelsten Ecke des Schankraums auf die Hocker fallen ließen. Sonst verrichteten sie ihre Arbeit leise, lebten unauffällig, und niemand beachtete sie. Zur Pestzeit aber fuhren sie für den Tod die große Ernte ein! Das Sterben war ihr Geschäft, das grausame Elend verschaffte ihnen Ansehen und Respekt. Sie genossen ihre klägliche Würde und spülten den Geschmack des Tages mit bitterem Bier hinunter. Als die Kerzenstummel auf ihrem Tisch zerliefen, setzte der Totengräber den Becher leise ab und beugte sich vor. „Hört zu", murmelte er und wartete, bis seine drei Knechte näher rückten. „Die Frau von diesem Ritter heute, diese Richmodis, hat noch den Ring an." Er zog mit dem Finger eine Bahn durch das weiche Wachs auf dem Tisch. „So breit und Gold, und der Stein, der ist ...", tief drehte er die Fingerkuppe in den Kerzenrest. „So groß wie ein fettes Auge." Er stieß den Zeigefinger seinen Kumpanen nacheinander an die Köpfe. „Den holen wir uns heute nacht. Gleich morgen früh mauern wir die Leiche in der Grabkammer ein. Niemand fragt mehr nach dem Ring!"

Kurz nach Mitternacht schlichen die vier auf den Kirchhof von St. Aposteln und huschten in die Totenhalle. Vor dem Sarg setzten sie die Blendlaterne ab. Hastig zwängten die Knechte ihre Brecheisen unter den Deckel der Lade. Nur langsam gaben die großen Nägel nach. Hölzern polterte der Deckel auf den Steinboden. „Hebt ihn auf!" zischte der Totengräber, beugte sich über den Sarg und griff gierig nach dem linken Arm der Leiche, fingerte nach ihrer Hand, berührte endlich den Ring. Plötzlich erstarrte er. Die Hand war warm! Die Finger bewegten sich zuckend.
„Jesses! Verdammte Pest! Jesses!" Der Fluch erstarb dem Mann auf den Lippen. Sein verzerrtes Gesicht versteifte sich zu einer Fratze. Gelähmt starrten die Knechte. Langsam setzte sich die weiße Gestalt im Sarg auf. Frau von Aducht öffnete die Augen und preßte die Hände vor ihre Brust. „Mir ist so kalt."
Die Leichenräuber hörten die gehauchten Worte, die Erstarrung fiel von ihnen ab, schreiend warfen sie Brecheisen und Sargdeckel auf den Steinboden und stolperten, rannten davon, ihr Gebrüll zerriß die Nacht über dem Kirchhof.
Die Schreie der Totengräber riefen Richmodis in die Wirklichkeit zurück, sie begriff den Sarg, die Totenhalle und begriff nichts. „Ich habe doch nur geschlafen. Ach Mengis, so schnell wolltest du Abschied nehmen?" Doch dann spürte sie den Ring an ihrer Hand. Im Widerschein des Mondlichts funkelte der Stein. Dieses schwache Glitzern gab ihr neue Kraft. Mühsam erhob sich Richmodis aus dem Sarg, nahm die zurückgelassene Blendlaterne und wankte unsicher die wenigen Schritte zum Hause ihres Mannes.
Das Tor war verschlossen, und die nachtdunklen Fenster blickten wie leblose Augen über sie hinweg zum Neumarkt. Erst zaghaft, dann immer heftiger zog Richmodis an der Hausglocke. Endlich

schlurften Schritte. Einer der Knechte fragte mit gedämpfter Stimme: „Wer ist da? Jetzt, zu dieser späten Stunde?"
„Ich bin es, deine Herrin. Öffne das Tor."
Nur ein Schrei war die Antwort, dann flohen die Schritte wieder ins Innere des Hauses.
Das Leichenhemd war dünn, der kalte Nachtwind zerrte am Körper der geschwächten Frau. Ohne Pause zog sie an der Glocke, schlug mit der Hand gegen das Tor, versuchte zu rufen, doch es war nur ein klagendes Wimmern. Endlich wurde in den oberen Räumen ein Licht angezündet, das Fenster aufgestoßen, und Ritter Mengis beugte den Kopf heraus. „Was soll der Lärm? Mitten in der Nacht?"
„Ich bin es. Mengis, ich bin es. Öffne das Tor. Bitte, ich flehe dich an."
Das Grauen griff nach dem verzweifelten Ritter. Sein Herz war schwer von Trauer, nur der tiefe Schmerz konnte ihm dieses Trugbild vorgaukeln! Voller Not rief er: „Kommst du nur, um mich zu quälen? Geh, sonst hetze ich die Hunde auf dich."
Unten auf der Gasse hob die weiße Gestalt unendlich langsam die Blendlaterne hoch, bis der Schein ihr Gesicht erfaßte. „Bitte. Ich bin es doch." Leiser, kraftlos stammelte sie: „Ich bin nicht tot, nicht tot."
Der Ritter lachte bitter. „Bevor meine Frau aus dem Sarg zurückkehrt, werden eher meine beiden Schimmel oben auf dem Turmspeicher stehen!"
Wiehern im Pferdestall! Schlagen der Hufe über den Hof, da donnerten Hufe durch den Flur, in wildem Poltern trappelten sie die Stiege hoch, weiter hinauf - und Stille. Dann wieherten die Schimmel oben auf dem Speicher, streckten die Köpfe aus der Luke und wieherten, wieherten!
Nur einen Herzschlag noch zögerte Ritter von Aducht! Sein Jubel flog ihm voran die Treppenstufen hinunter, Mengis riß den schweren Querbalken von dem Tor und schloß seine Frau in die Arme.
„Unser Ring hat mir geleuchtet." Richmodis legte den Kopf an seine Wange.
Über die Schulter schrie Mengis nach dem Gesinde. „Macht Feuer, bringt wollene Kleider! Kocht eine Suppe aus Bier und Kräutern! Meine Geliebte ist vom Kirchhof zurückgekehrt!"
In dieser Nacht schlossen weder Mägde noch Knechte in dem Haus am Neumarkt die Augen. Nur Frau von Aducht schlief, eingehüllt in warme Decken, ihrer Genesung entgegen. Sie war dem schwarzen Tod aus den Krallen geglitten. Dankbar wachte Ritter Mengis

über jeden Atemzug, der seine Richmodis wieder ins Leben hob.

Wir dürfen noch nicht gehen. Das Glück lädt uns ein! Verweilen wir noch auf dem Neumarkt und sehen zum Papageienhaus hinüber. Über der Turmluke wurde ein starker Flaschenzug an dem Lastgalgen befestigt. Gehalten von breiten Lederschlaufen schwebten die verängstigten Schimmel wieder zur sicheren Erde hinunter.
Der Totengräber verriet sich selbst. Der Schreck des Grauens hatte sein Gesicht zu einer Fratze erstarrt. Doch er war zum Werkzeug des Glücks geworden, und so gaben ihm Ritter von Aducht und der Kölner Rat die Freiheit. Zusammen mit seinen Spießgesellen mußte er die Stadt noch am gleichen Tag verlassen. Nie mehr wich das Entsetzen aus dem Gesicht des Grabräubers.
Bleiben wir noch. Das Glück läßt uns teilhaben!
Nach wenigen Jahren schon tobten drei Jungen durch das Haus am Neumarkt. Oft standen sie neben dem Vater, blickten zum Turm hinauf und bestaunten die beiden geschnitzten Pferdeköpfe, die zur Luke herausragten.
Ohne jemals wieder lachen zu können, liebte Frau Richmodis ihre Söhne, den Jubel und den kindlichen Übermut. Still und dankbar umsorgte sie das Glück ihres geschenkten Lebens. Sie wußte, daß die Wege des Schöpfers durch die Dunkelheit zum Licht führen.

Die Weckschnapp

Kein Henker tritt herein,
um mit Schlinge oder Schwert
sein Amt zu verrichten.

Am Sonntagnachmittag gehörte die große Dombaustelle den Kindern. Nirgendwo sonst in Köln machte das Versteckspielen so viel Spaß wie zwischen den Mauerriesen des Langschiffes, den Bauhütten um den Südturm und in den engen Gassen des Domviertels! An der Ecke des Pfaffentores, gleich vor dem prunkvollen Eingang des Hauses der reichen Witwe Dorothea, hatten sich die Kinder in einem Kreis aufgestellt. Ein Mädchen zählte den Sucher aus.
„Bettler, Hure und Student
werden bald gehenkt!
Spitzbub, Spieler und der Junker
fallen in den Rhein hinunter!
Schnapp nach dem Weck,
und du bist weg!"
Im Rhythmus des Verses wanderte der Zeigefinger von Kind zu Kind, bei dem Wort „weg" hielt der Finger an. Der Mitspieler durfte den Kreis verlassen. So ging es weiter. Hell und frech tönte der Spruch immer wieder von neuem durch die Feiertagsstille.
„Schnapp nach dem Weck,
und du bist weg!"
Im ersten Stock des Patrizierhauses wurde ein Fenster aufgestoßen. „Ruhe! Verschwindet von meiner Tür! Unerzogenes Pack!" Mit der linken Hand hielt Frau Dorothea die Haube auf ihrem Kopf fest, die rechte Faust drohte hinter den Störenfrieden her. „Verschwindet, sonst hole ich die Büttel!"
Gleich nach Erscheinen des rotangelaufenen Gesichtes hatten die Kinder ihr Spiel unterbrochen. Die Köpfe eingezogen, huschten sie durch die Pfaffenpforte aus dem Blickfeld der vornehmen Frau. Niemand wollte von ihr erkannt werden. „Geizige Alte! Geizige Alte!" schrien sie aus sicherer Entfernung und rächten sich an der Spiel-

verderberin. Die „Geizige Alte“ verstand keinen Spaß, das wußte jedes Mädchen, jeder Junge des Domviertels.
Ihren Geiz kannte die ganze Stadt! „Jeden Morgen zählt die Witwe Dorothea in ihrem Garten die unreifen Äpfel an den Bäumen!“
„Wenn es nur das wäre!“ winkten andere spottend ab und trumpften: „Die reiche Dorothea stopft sogar den Fußlumpen, der vor ihrer Haustür liegt! Wenn er zerschlissen ist, dann wirft sie ihn nicht weg, nein, sie flickt ihn wieder zusammen!“
Wer kennt die Not der Reichen? Seit dem zu frühen Tod des angesehenen Patriziers verwaltete Frau Dorothea das große Vermögen ihrer Familie. Sie war Kauffrau und kaufmännischer, als ihr Gatte es jemals gewesen war. Nur der, dem sein Vermögen auch wie Herzblut durch die Adern quillt, weiß, welche Not Dorothea empfand, wenn auch nur ein Tropfen dieses goldenen Saftes verschwendet wurde. Ihren Geiz umschrieb sie mit dem ehrbaren Wort Sparsamkeit, sie achtete sorgsam auf ihren Stand, und nichts durfte das Ansehen der Familie beflecken.
Doch die strengen Grundsätze, die Spielregeln des vornehmen Dünkels werden oft von der Wirklichkeit zerstört und bitter verletzt!
Nachdem Frau Dorothea erfolgreich die Kinder verscheucht und wieder das Fenster verschlossen hatte, ging sie zur Schlafkammer ihres Sohnes hinüber. Lautes Schnarchen drang durch die Tür und beleidigte ihr ehrbares Ohr. Sie öffnete und zuckte zurück. Auf dem Boden verstreut lagen Ärmelrock, Wams, Gürtel, Degen und Schnabelschuhe. Quer über dem Lager ausgebreitet schlief Wilhelm, schnarchte, und im Zimmer stand der schale Geruch von Schnaps und Wein.
„Herumtreiber! Nichtstuer!“ flüsterte die Mutter angeekelt. Dort auf dem Bett lag ihr einziges Kind, der Herr Sohn, der schmutzige Fleck auf der sonst so blütenreinen Schürze ihres Lebens!
Die Nachbarinnen tuschelten schon lange über ihn, am Mittagstisch der vornehmen Familien Kölns würzten die Schandtaten des mißratenen Wilhelm die dampfenden Suppen. „Frau Dorotheas Sohn treibt sich jeden Abend in der Schmierstraße herum.“ Köpfe schüttelten sich. „Er geht in den Wohnheimen, diesen Bursen, ein und aus. Mit diesen feinen Studenten betrinkt er sich in den verrufenen Tavernen.“ Augenbrauen zuckten nach oben. „Nachts treiben sie mit leichten Mädchen ihre Spiele auf den Rheinwiesen. Sie

schwimmen sogar gemeinsam!“ Lippen schlossen sich erschreckt. „Letzte Woche haben dieser Wilhelm und diese Studenten einen Tischlergesellen halb totgeprügelt.“ Münder wurden mit Servietten abgetupft. „Die arme Mutter.“ Augenpaare blickten satt und zufrieden über die leergegessenen Teller.

Wie Hammerschläge fuhren die Klatschgeschichten auf die vornehme Witwe nieder, wie Nadeln stachen sie in das Ehrgefühl der stolzen Frau. Es konnte nicht mehr lange dauern und die angesehenen Bürger würden sie meiden, würden sie, Frau Dorothea, von dem gesellschaftlichen Leben der Stadt ausschließen! Diese Schande würde sie nicht überleben, das wußte Dorothea, und Nacht für Nacht trieb ihr eigener Sohn sie näher an den Rand des sicheren Elends.

„Steh auf, Wilhelm!“ Heftig zerrte sie an seinem Arm. „Steh auf!“ forderte sie, bis Wilhelm gähnte und sich räkelte. „Wie spät ist es, Mutter?“

Frau Dorothea bückte sich nach den herumliegenden Kleidungsstücken und schleuderte sie auf das Bett. „Heute ist Sonntag. Du warst wieder nicht in der heiligen Messe. Du stinkst nach Bier wie ein Schiffsknecht. Sei froh, daß dein Vater, Gott hab ihn selig, dich nicht mehr in diesem Zustand erleben kann. Prügeln würde er dich! Prügeln, bis du endlich im Kontor arbeitest, bis du wieder ein ordentlicher Mensch geworden bist!“

Wilhelm setzte sich auf. Aus rotunterlaufenen Augen starrte er vor sich hin, fuhr mit beiden Händen durch den schlafzerwühlten Haarschopf und kratzte ausgiebig seinen Kopf. „Hör auf, Mutter. Laß mich doch.“

Wie ein Racheengel fuhr Dorothea über ihren Sohn her. „Du wirst in der Gosse enden, vor der Südstadt! Diese Studenten haben dich verdorben! Eine Schande bist du! Aber ich sage dir: Niemals werde ich zulassen, daß du den guten Namen unserer Familie, unsere Ehre besudelst! Niemals!“

Längst hatte Wilhelm beide Zeigefinger in die Ohren gesteckt, so stand er auf und ging zu der Waschschüssel hinüber. Er war schlank, kräftig und hübsch anzusehen. Ein Patriziersohn, ein Junker, den selbst manche Adelsfamilie der Stadt gern als reichen Bräutigam ihrer Tochter sehen würde, wenn er nicht...

Und wieder überschüttete ihn seine Mutter mit Vorwürfen. Alle Schuld gab sie dem verderblichen Einfluß dieser Studenten, diesen

lasterhaften Söhnen reicher Eltern. Aus ganz Europa kamen sie nach Köln, studierten wenig, tranken, saßen beim Würfelspiel und verführten die wohlerzogenen Kölner Mädchen. Nicht genug, diese feinen Herrlein verspotteten die schwer arbeitenden Handwerksgesellen, die Söhne ehrbarer Kölner Eltern! „Es ist eine Schande!" schrie Dorothea außer sich.
Seit die Universität im Jahre 1388 gegründet worden war, und seit die Studenten zu Hunderten in die Stadt kamen, Sonderrechte und Freiheiten genossen, seitdem hatte sich das ruhige bürgerliche Leben der Kölner Jahr für Jahr verändert.
Immer schon waren einige der gesitteten Familienväter, Räte und Junker im Schutz der Dunkelheit heimlich nach Deutz gerudert, um dort in den Spielhöllen freizügig der Leidenschaft und der Lust zu frönen. Doch mit den Studenten war auch das Laster mitten in das Herz der Stadt eingefallen, wurde offen und schamlos zur Schau getragen.
Manch junger Adelssproß verfiel dem freizügigen Leben der Studenten, wollte ihnen nacheifern und geriet in den sittenlosen Strudel. Wer konnte die achtbaren Familien vor drohender öffentlicher Schande bewahren? Die besorgten Patrizier halfen sich selbst! Immer häufiger trat das Gericht der Heimlichen zusammen, urteilte und befreite über Nacht die ehrbaren Stammbäume von den kränkelnden Sprößlingen. Jetzt, im Jahre 1430, hatte das schändliche Fieber auch den einzigen Sohn der Witwe Dorothea befallen.
„Mit meinem Geld prahlst du vor diesen Studenten!" Sie schnappte nach Luft. „Dafür hat dein Vater nicht gearbeitet, daß du den Reichtum unserer Familie wie ein Schwein mit diesen Schweinen verpraßt! Ich bin nur eine schwache Frau. Ich weiß mir bald keinen Rat mehr!"
Inzwischen hatte sich Wilhelm gewaschen, die Haare geordnet, angekleidet und den Degen umgeschnallt. Er kannte die täglichen Beschimpfungen seiner Mutter, gleichmütig ertrug er die Vorwürfe und beeilte sich, so rasch es ging, wieder das Haus zu verlassen, die Freunde zu treffen, zu lachen und Späße zu treiben. Doch er benötigte Geld, viel Geld, denn nur wer bezahlte, galt etwas bei den Kumpanen. Um seine Mutter gnädig zu stimmen, um seinem Betteln wie gewohnt den schnellen Erfolg zu bringen, lächelte er jungenhaft und wollte den Arm um sie legen. Frau Dorothea wich ihm aus und eilte in die Küche. Lachend folgte Wilhelm ihr. „Sorg dich

nicht, Mutter. Bitte, versteh doch. Jetzt will ich leben, später werde ich dir im Geschäft helfen. Aber jetzt will ich noch eine Zeitlang fröhlich und lustig sein." Er streckte die Hand aus. „Bitte, gib mir ein Goldstück. Nur noch eins! Ich verspreche dir, ab morgen werde ich dann im Kontor arbeiten."

Seine Mutter preßte die Lippen aufeinander. Sie zitterte am ganzen Körper. Ergeben seufzte der junge Mann und klatschte einmal leicht die Hände zusammen. „Also gut, dann gib mir wenigstens ein paar Äpfel, ich habe Hunger."

Wortlos durchquerte Frau Dorothea die Küche und verschwand in der Vorratskammer. Mit einem Korb voll rotbackiger Äpfel kehrte sie zurück. Die Küche war leer. Wilhelm war verschwunden! Die Wohnstube war leer, die Tür zu ihrer Kammer stand halb offen. Dorothea ging langsam bis zu ihrem Bett. Der hölzerne Deckel der Wäschetruhe war aufgeklappt! Mit einem verzweifelten Schrei ließ die Witwe den Korb fallen, die Äpfel rollten über die Dielen. Sie warf sich auf die Knie und wühlte die Hände zwischen die Leinentücher, dann erstarrte sie. Drei Goldstücke fehlten, auch die reichverzierte Brosche war verschwunden, die sie von ihrem Gatten damals zur Geburt des Jungen geschenkt bekommen hatte! Das Maß war voll!

Spät am Abend dieses Sonntags verließ die reiche Witwe Dorothea das Haus. Ein dunkles Tuch hatte sie um den Kopf geschlungen. Sie kannte die Gasse, sie wußte, welchen Patrizier sie um den Beistand des heimlichen Gerichts bitten mußte.

In dieser Nacht kehrte Wilhelm nicht nach Hause zurück. Er blieb bei den Saufkumpanen und schlief in einer Kammer der Studentenburse. Sie zechten durch den nächsten Tag, abends ließ Wilhelm sich zu einem Würfelspiel verführen, verlor die Goldstücke und torkelte um Mitternacht allein und betrunken über die dunkle Schmierstraße. Sechs vermummte Gestalten versperrten ihm den Weg. Zu spät begriff Wilhelm, daß sie schwarze Masken vor den Gesichtern trugen. Die Heimlichen packten den wehrlosen Junker und schleppten ihn durch Winkelgassen und Weingärten bis zum nördlichen Ende der Stadtmauer. Machtvoll erhob sich der St. Kunibertsturm am Ufer des Rheins gegen den Nachthimmel, weit überragte das Bollwerk die Mauer, erstreckte sich bis an den Fluß und endete mit einem kleineren Turm, der ins Wasser hineingebaut war.

Die Männer des Fehmegerichts führten den betrunkenen Wilhelm durch schmale Gänge, zerrten ihn die steile Steintreppe hinauf, schoben den Willenlosen an den Zinnen vorbei, den Steg über dem Tor der Wehrmauer entlang und stießen ihn grob in die einzige Zelle des Endturms. Wilhelm stürzte auf die Eichenbohlen, blieb liegen und schlief sofort ein. Er hörte nicht mehr das Krachen der Riegel, das Schnappen der Schlösser, auch nicht die Schritte, die sich schnell entfernten.

Zum ersten Mal weckte ihn der Sonnenstrahl, der durch das hohe Kerkerfenster fiel und sein Gesicht traf. Wilhelm fühlte nur dumpfen Schmerz in seinem Kopf, hob schützend die Hände gegen das Licht, rollte auf die Seite, dachte noch, wie laut der Schmerz rauschte und schlief wieder ein.

Zum zweiten Mal weckte ihn das Rauschen. Er hielt die Augen geschlossen und stützte sich stöhnend mit den Armen auf. Nur ein Fluß gluckste und gurgelte so stetig. „Ich muß irgendwo in der Nähe des Rheins geschlafen haben", überlegte er und horchte auf das unentwegte Geräusch. „Nein, das Wasser fließt direkt unter mir!" Wilhelm riß die Augen auf, stierte auf die Bodenbretter und wagte nur, Stück für Stück den Eichenbohlen entlangzublicken. An den drei Stufen stockte er. Wild hämmerte das Herz in seiner Brust. Mit den Augen glitt er über das flache Podest hinweg bis zu den grobgehauenen Mauersteinen, kletterte an den gezackten Lehmfugen hinauf, an der engen Fensterluke vorbei und weiter bis zum Deckengewölbe. Das Entsetzten griff nach seiner Kehle. Von den Balken hing ein Strick herunter. An seinem Ende baumelte ein helles Brot!

Die grausame Wahrheit saugte die Reste seiner Trunkenheit auf und vernichtete alle Hoffnung! „Ich bin in der Weckschnapp!" stammelte Wilhelm. Dieser Satz wucherte in ihm und malte das Grauen. Jeder, der in dieser Zelle sitzt, wird sie nicht lebend wieder verlassen! Hier in dem Endturm der Stadtmauer war die Todeskammer des Fehmegerichts. Hier wurden die heimlich Verurteilten hingerichtet. Kein Henker trat plötzlich herein, um mit Schlinge oder Schwert sein Amt zu verrichten. Die Zelle selbst war das Mordwerkzeug! Wilhelm wurde von Angst geschüttelt, heftig biß er sich in die Fingerknöchel. So lange er lebte, würde sich die Zellentür nicht mehr öffnen! Ohne Wasser, ohne Nahrung saß ein Gefangener hier, bis er starb. Heimlich, ohne öffentlichen Prozeß, ohne Aufsehen

und ohne das Ansehen der Familien zu schmälern, erlitten hier die Verstoßenen einen langsamen, qualvollen Tod.
Es sei denn, sie wählten freiwillig den zweiten Weg! Wilhelm starrte zu dem frischen Weck hinauf. Still schwebte er in der Schlinge über dem drei Stufen hohen Podest, dem Tanzboden des Todes. Mit einem Sprung konnte ein Mann das Brot schnappen. Vielleicht gelang ihm sogar noch ein gieriger Biß, bevor er zurückfiel. Doch, sobald seine Füße die Bohlen des Podestes berührten, öffnete sich der Boden wie eine Falltür, und hilflos stürzte der Unglückliche in den Schacht. Spitze, beidseitig geschärfte Klingen stakten aufrecht in dem Schlund, die den Mann in Stücke zerschnitten. Sein verstümmelter Körper fiel weiter, und das gurgelnde Wasser des Rheins spülte die Reste des Menschen mit fort.
„Schnapp nach dem Weck, und du bist weg!" Wilhelm weinte, wie oft hatte er als Junge beim Spiel diesen Vers geplappert, und jetzt hing dieser Weck über ihm. „Lieber werde ich verhungern", beschloß er.
Schon nach wenigen Stunden aber quälte ihn der Durst. Nach dem Schnaps und Wein der letzten Tage und Nächte klebte ihm die Zunge ausgedorrt an seinem Gaumen. Verzweifelt leckte er die Feuchtigkeit von den Mauersteinen, doch der Durst blieb. Seine Lippen sprangen auf, doch das Blut stillte die Qual nicht. Mit den Fingernägeln kratzte er den Lehmmörtel aus den Steinfugen, doch die sandigen Krümel erstickten ihn fast.
In der folgenden Nacht schlief er nicht. Er hockte auf dem Boden und wiegte seinen Körper ohne Pause vor und zurück. Bilder überfielen ihn: Lachende Mädchengesichter. Die Freunde prosteten ihm mit übervollen Krügen zu. Seine Mutter schrie: „Niemals werde ich zulassen, daß du den Namen unserer Familie besudelst!" Ihr Mund schrie weiter: „Besudelst! Besudelst!" Wilhelm preßte die Hände gegen die Ohren und wimmerte. Nie mehr würde er, nie mehr wollte er, immer würde er nur noch... Doch für Reue war es jetzt zu spät. Aus der Weckschnapp gab es kein Zurück.
Oder? Wieder und wieder suchte Wilhem nach einem Ausweg, marterte sein Gehirn. Als der Morgen graute, sprach er alle Gebete, die er wußte, bis die Sonne ihren hellen Lichtstrahl durch das Kerkerfenster schickte. Gefaßt blickte Wilhelm zu dem kleinen Weißbrot hinauf, starrte zu dem Podest hinüber und flüsterte: „Ich will nicht langsam sterben." Noch sitzend streifte er seine Stiefel ab, trug sie in

der linken Hand, so stieg er die drei Stufen hinauf. Vor ihm lag die Falltür, über ihm hing der Weck. Nur mit einem Sprung konnte er das Brot schnappen. Noch einmal atmete Wilhelm tief ein.

Grau begann der 6. Februar des Jahres 1450, ein kalter Sonntagmorgen. Das Fenster im ersten Stock des Patrizierhauses, gleich neben der Pfaffenpforte, stand weit offen. Eine Decke fest um den Körper geschlungen saß Frau Dorothea in ihrem hohen Lehnstuhl. Sorgsam richtete sie noch einmal die Haube über dem weißen Haar, dann legte sie die Hände im Schoß zueinander. Heute, am 6. Februar, war der Tag ihrer Namenspatronin, und die verhärmte Witwe wollte diesen Tag hier am Fenster begehen. Seit Jahren schon konnte sie ihr Zimmer nicht mehr verlassen, die Füße trugen den Körper nur noch wenige Schritte. Dorothea wartete.
Noch schwieg die Stadt. Endlich, vom Dom herüber tönte hell der erste Schlag, in den schwingenden Klang mischte sich ein dunkler und gleich darauf der volle, tiefe Ton, sie verschmolzen ineinander zu einem festlichen, brausenden Geläute. Die Dreikönigen-Glocke, sie läutete schon viele Jahre, doch Speciosa und die mächtige Pretiosa, sie waren erst in den beiden vergangenen Jahren in den hölzernen Turm gehängt worden. Diese drei Glocken erfüllten mit ihrem Loblied den Sonntag.
In stiller Wehmut stieg Dorothea wieder in die Vergangenheit hinab. Vor zwanzig Jahren hatte sie den eigenen Sohn auf dem Altar ihres falschen Stolzes, ihrer Ehrsucht geopfert. Nichts war ihr geblieben. Von Stund an war das gesellschaftliche Leben der guten Bürger an ihrem Haus vorbeigegangen. Die vornehmen Patrizier mieden die Mutter, die ihren einzigen Sohn dem heimlichen Gericht ausgeliefert hatte. Nichts konnte die Last der Schuld von den Schultern der alten Frau nehmen. Was nützte Reichtum, wenn nichts mehr den inneren Frieden zurückbrachte? Selbst, nachdem Dorothea ihr ganzes Vermögen an die Bedürftigen in der Stadt verteilt hatte, fand sie keine Ruhe. So lebte sie Tag für Tag in ihrer Schuld, flehte um Vergebung und bat um die Gnade, endlich sterben zu dürfen.
Das Läuten war verstummt. Frau Dorothea schloß das Fenster und sank wieder in den Lehnstuhl. Auch als am Nachmittag Kinder vor ihrem Haus spielten, saß sie noch da und hing den schweren Gedanken nach.

Das erste Klopfen hörte sie nicht. Stärker pochte es. Frau Dorothea wandte den Kopf. Die Tür wurde aufgestoßen. Ein großer, kräftiger Herr betrat das Zimmer. In der Hand trug er einen Korb, gefüllt mit rotbackigen Äpfeln und geschmückt mit Rosen. Stumm ging der vornehm gekleidete Mann zum Fenster hinüber und stellte das Geschenk vor dem Lehnstuhl auf den Boden.
„Für mich?" fragte die alte Frau und blickte in das lächelnde Gesicht.
„Nur für dich. Heute ist der Tag der heiligen Dorothea. Zu ihrem Andenken bringe ich dir Rosen und Äpfel."
Unverwandt starrte sie in das Gesicht. Diese Augen, dieser Mund! Ruhig nahm der Herr ihre Hand und legte drei Goldstücke hinein. „Ich bringe dir das gestohlene Geld zurück. Verzeih mir, Mutter."
Freude wächst im Alter stumm, spät blüht sie auf. Endlich sagte Dorothea: „Du bist mein Sohn."
Behutsam umarmte Wilhelm seine Mutter. Sie hielten einander fest, bis ihre Herzen leichter waren. Sie strich ihm über den Kopf. „Ein Wunder hat dich gerettet und mir zurückgebracht. Du bringst mir Rosen und Äpfel aus dem Paradies und hast mir verziehen. Nun bin ich getrost, daß auch Gott mir gnädig sein wird." Sie lehnte sich zurück und schloß lächelnd die Augen. „Erzähl mir, Wilhelm!" bat sie leise.
„Es war kein Wunder!" Wilhelm stellte sich ans Fenster, lachte jungenhaft und berichtete von den Stunden in der schrecklichen Zelle. Wie oft hatte er diese Geschichte schon seinem Sohn oder bei Tisch den reichen Geschäftspartnern erzählen müssen. Die lang überstandene Qual war zu einem Märchen geworden und er selbst zum unerschrockenen Helden seiner eigenen Geschichte.
Wie gewöhnlich, so sparte er auch jetzt nicht mit blutgetränkten Worten und ließ die Übertreibung wuchern. Nicht nur Stunden, nicht nur Tage, es waren Wochen, die er in der Weckschnapp verbracht hatte. „Zitternd stand ich auf der dritten Stufe des Podestes! Nahm meine Stiefel und schleuderte sie auf die Falltür. Sofort gab sie nach. Gleich unter mir ragten die scharfen Klingen, tief unten gurgelte das Wasser. Ich stieg in den Schacht, hielt mich an den Steinen, zwängte mich an den Messern vorbei und ließ mich fallen."
Wilhelm hielt inne. Draußen vor dem Fenster tobten die Kinder. Eine helle Stimme schwang frech herauf.

„Bettler, Hure und Student
werden bald gehängt!
Spitzbub, Spieler und der Junker
fallen in den Rhein hinunter!
Schnapp nach dem Weck,
und du bist weg!"

Jäh überfiel den großen Mann die Erinnerung, alles Jungenhafte wich ihm aus dem Gesicht. Er beugte sich zu seiner Mutter hinunter. „Es war ein Wunder. Gott hat mich beschützt", flüsterte er. Doch das hörte die alte Frau nicht mehr. Ein Lächeln hatte sie in den Tod begleitet.

Jan und Griet

Wer weiß, was geschehen wäre?

Proteste gegen die ehrwürdige katholische Kirche waren aufgeflammt, unfaßlich für viele, und doch war das Feuer nicht mehr einzudämmen. Fragen nach der Wahrhaftigkeit des Glaubens und zweifelnde Fragen nach dem Sinn des Lebens, diese Kinder des Sturms, hatten das Jahrhundert der Reformation erschüttert. In der Hand Gottes standen sich Katholiken und Protestanten gegenüber.
Mit Verfolgung, Inquisition, Folter und Hinrichtung waren die Kölner gegen die geistigen Aufrührer vorgegangen, erbarmungslos hatten sie die Anhänger der neuen Lehre gejagt und vertrieben.
Jetzt atmeten sie auf, mutig waren sie für das Alte eingetreten und hatten gesiegt, trotz aller Anfechtung von außen und von innen war ihre Stadt rein und katholisch geblieben. Wirklich rein?

Am Morgenhimmel des neuen Jahrhunderts bauten sich Gewitterberge drohend über Europa auf und entluden sich im Jahre 1618 in einem furchtbaren Krieg. Protestanten gegen Katholiken! Machtgier und Habsucht beseelten die Herrscher und trieben die Generäle auf die Schlachtfelder des Glaubenskrieges. In Deutschland floß das Blut aller Heere in einen grauenvollen See des Todes zusammen. Der Krieg ernährt den Krieg! Aus den Staatskassen erhielten die Söldner nur spärlichen Sold. Die Machthaber gaben ihnen Dörfer, Städte und deren Bewohner zum Lohn. Nie zuvor sind wehrlose Menschen so ausgeraubt, so gequält und so hingeschlachtet worden.
Angstvoll steckten die Stadträte die Köpfe zusammen. „Wir Kölner kämpfen nur, wenn es gar nicht anders geht!"
Der Tollkühne ist nur tollkühn! Nur wer Angst hat, kann Mut beweisen. „Wir kämpfen nicht. Unsere Stadt bleibt neutral." Welch ein tapferer Entschluß, welche Kühnheit, auf diese Weise das Leben der

Bürger zu schützen! Nur zur Verteidigung wurden Kanonen und Munition bereitgestellt und Landsknechte angeworben. Mit großem Geschick hielten die Kölner den Krieg von ihrer Stadt fern. Sie unterstützten beide kriegshungrigen Parteien, verpflegten sie, gaben ihnen Geld und Kleidung. Ein geringer Preis für das wertvolle Leben der Kinder, Frauen und Männer!
Erst als der schwedische General Baudissin gefährlich nahe rückte, auf der gegenüberliegenden Seite des Rheins sogar den kleinen Ort Deutz überfiel und plünderte, ließen die Kölner ihre Kanonen aufbrüllen, Tag und Nacht, bis die Schweden wieder abzogen. Die Bürger feierten ihren Sieg. Doch der Kriegsjubel ist nur ein Taumel, ein flüchtiger Rausch.

Auf dem Schlachtfeld an Ehre und Ruhm teilzuhaben, verlockte viele junge Männer, auch den Bauernsohn Jan von Werth. Lange vor Ausbruch des großen Krieges hatten ihn schon die Trommeln der Werber gelockt, er war hinter den Fahnen her in den Kampf geeilt und diente als Söldner dem, der gut bezahlte. Begeistert stürzte er sich in den Dreißigjährigen Krieg, kämpfte in der Schlacht am Weißen Berge, bei Altenried und Nördlingen. Erfolg, Niederlage und Sieg trieben ihn schnell in den Rausch der Macht, und mit 43 Jahren wurde der Ehrsüchtige zum Generalfeldmarschall ernannt.
Dieser Jan von Werth war der richtige Mann für die furchtsamen Herzen der Kölner: Er kämpfte weit weg von der Stadt – im Jahre 1636 stürmte er sogar bis vor die Tore von Paris – weit weg, und zurück brachte er weder Kampfgeschrei noch Elend, sondern nur den Ruhm! Ein Jahr später gelang es ihm, die Franzosen bei Koblenz aus der Festung Ehrenbreitstein zu verjagen, und endlich konnten die Handelsschiffe wieder ungehindert Mosel und Rhein befahren. Kaufleute und Bürger jubelten. Jan von Werth, er war der Held, der große General für alle Kölner! Sein schreckliches Handwerk hatte er nicht in oder vor der Stadt ausgeübt und doch den Bürgern Stolz und große Hilfe beschert. Sie umjubelten seinen Einzug in die Stadt, beschenkten ihn mit einer goldenen Kette und standen ehrfürchtig vor seinem Hof an der Gereonstraße.
Dieser Held, seine gerühmten Taten, alle Ehren, mit denen Kaiser und Fürsten ihn überschüttet hatten – all dieser Ruhm prangte vor den einfachen Menschen, doch den Weg in ihre Herzen fand dieser Jan von Werth nicht.

Bald nach dem ersehnten Frieden im Jahre 1648, der dem furchtbaren Elend in Deutschland ein Ende bereitete, zog Jan von Werth auf seine Besitztümer nach Böhmen. Er hatte Köln längst verlassen. Nur die Erinnerung lebte in der Stadt, sie wuchs und durfte unter dem rheinischen Himmel erblühen.
Die Bürger traten vor den Stadtspiegel, machten sich Mut und wischten über die vom Krieg blind und stumpf gewordene Fläche, bis sie nach und nach wieder ein Lächeln in ihrem Gesicht entdeckten. Welcher Spiegel darf nicht verschleiern? Die Erinnerung an Jan von Werth verklärte sich zu einem Bild, das von dem Herzen der Bürger gemalt wurde.

Dieser Jan, das war doch einer von uns! Ja, ein Knecht, ein einfacher Mann wie du und du. Damals, noch vor dem Dreißigjährigen Krieg, stand er auf dem Kümpchenshof in Lohn und Brot. Fleißig war er, und keine Arbeit war ihm zu schlecht. Er mistete, pflügte, sorgte sich um das Vieh im Stall und um die Frucht auf dem Feld. Nein, der Jan scheute keine Arbeit. Und stark war er. Wenn der Ochse den Pflug nicht mehr ziehen konnte, dann spannte sich Jan in das Geschirr und zog die eiserne Pflugschar selbst durch die tiefe Krume. Er hatte gute Hände. Die Saat ging auf, wenn er sie ausgebracht hatte, das Kalb war gesund, wenn er die Kuh bei der Geburt festgehalten hatte. Und sparsam war der Jan. Jeden Groschen legte er auf die Seite.
„Einmal bin ich selbst Bauer!" Er war sich ganz sicher. „Ich brauch nur ein Stück Land, ein Pferd, eine Kuh, Schweine und Hühner!" Jan wischte sich über das wetterfrische Gesicht und stützte das Kinn auf den Stiel der Mistgabel. „Und eine gute Frau." Seine blauen Augen wurden dunkel, er träumte und seufzte. „Eine Frau, so wie die Griet."
Über den Hof lachte ein Lachen! Jan erschrak und richtete sich auf, so gerade wie ein Baumstamm. „Meine Gedanken können zaubern", flüsterte er. Griet kam direkt auf ihn zu, den Eierkorb trug sie in der Armbeuge, sie schritt leicht, ihre Füße schienen über die Hofsteine zu schweben. Mit einem Tuch hatte sie das lange, blonde Haar zurückgebunden. Ihre Lippen sind so ..., der Knecht fand kein Wort, um sie zu beschreiben, die Nase war nicht groß, nicht klein - und ihre Augen! Diese Augen! Jan dachte an Sterne, die nachts weit oben am Himmel leuchten.

Das Lachen der Magd erhellte den sonnigen Tag. In der Brust des jungen Mannes klopfte es. „Tag Griet, wie geht's den Hühnern?" Sofort schämte er sich für diese dumme Frage. Griet lachte und hatte ihn fast erreicht. „Kümmer du dich um den Mist." Nur kurz blickte sie den Knecht an und lachte an ihm vorbei. Jan drehte sich um, sein Herz hörte auf, so laut zu pochen. Breit grinsend wartete der Sohn des Nachbarbauern auf Griet. Ihr Strahlen hatte diesem Kerl gegolten! Er wandte sich ab und packte die Mistgabel mit beiden Händen. Hinter seinem Rücken hörte er das Kichern und Turteln und konnte seine Ohren nicht verschließen.
„Einmal bleibt sie bei mir stehen!" Griet war hübsch, so schön wie keine Magd auf den anderen Höfen, doch sie war nur die Tochter armer Eltern. Hier auf dem Kümpchenshof mußte sie für die Hühner und den Gemüsegarten sorgen. Diese Junker und Jungbauern, die um sie herumschwirrten wie die Fliegen um den Misthaufen, die trieben doch nur ein Spiel, die meinten es nicht ernst. Jan war sich ganz sicher. Diese gelackten Kerle guckten doch nur in ihr schönes Gesicht und auf ihre geradegewachsene Gestalt. Nein, die waren nichts für Griet! „Einmal gehört sie mir!" Tief stach der Knecht die Gabel in den Mist. Einmal? Irgendwann? „Das dauert mir zu lange." Er beschloß, Griet noch heute zu fragen.
Während des Abendbrots hockte Jan einsilbig an dem langen Holztisch. Griet scherzte vergnügt mit den anderen Knechten und Mägden. Jan überlegte, wie er sie allein sprechen könnte und legte sich die Worte zurecht. Vor der Angebeteten auf die Knie fallen und schöne Sätze sagen wie die feinen Galane, diese Junker? Nein, das konnte und wollte er nicht.
Nach dem Essen paßte er die Magd im Flur ab. „Du, Griet. Du mußt mit mir noch mal zum Hühnerstall. Ich glaub, ein Fuchs schleicht um den Zaun."
Griet zögerte nicht. Stumm gingen sie nebeneinander. Jan stieß das niedrige Holzgatter auf.
„Wo kann denn hier ein Fuchs durchschlüpfen?"
„Warte Griet." Jan faßte ihren Arm. Sofort wand sich die Magd aus dem Griff und stemmte die Hände in die Hüften. So blickte sie den Knecht an. „Also kein Fuchs?"
Das Blut stieg Jan ins Gesicht. Er scharrte mit der Stiefelspitze in dem weichen Hühnerdreck.
„Was willst du?" fragte sie ungeduldig.

Gerade wie ein Baum richtete er sich auf und schlug die Hacken seiner Stiefel zusammen. „Ich sag es so, wie ich bin. Ich bin ein Knecht, und du bist eine Magd. Du paßt zu mir, und ich will, daß du meine Frau wirst." Es war heraus. Wieder scharrte Jan mit der Stiefelspitze in dem weichen Dreck.
Griet lachte kurz, es war nicht ihr Lachen, mit dem sie die feinen Junker umgarnte. „Ich will nicht mein Leben lang als Magd herumlaufen. Außerdem will ich nur einen, den ich richtig gern hab. Was soll ich mit einem Knecht, den ich nicht mag?"
Jan blickte auf. „Das mit der Liebe wird schon noch kommen." Eifrig hob er die Hände. „Griet, ich hab gespart. Irgendwann werde ich selbst ein Stück Land haben, und du wirst meine Bäuerin. Ich will dich zur Frau."
Griet zog ihren Kittel straff. „Ich suche mir schon den Richtigen. Vielleicht werde ich sogar in einem großen Haus wohnen. Dann lerne ich so sprechen wie die Damen und werde selbst eine Herrin. Ich weiß, was ich will! Jawohl, einen feinen Mann, den ich lieb hab!"
„Aber Griet, du bist doch nur eine kleine Magd. Was redest du von Liebe? Dafür haben doch nur die vornehmen Leute Zeit." Mehr wußte Jan nicht zu erwidern.
Zornrot ballte Griet die Faust. „Jawohl, ich bin nur eine arme Magd. Aber mein Herz gehört mir!" Sie streckte den Arm aus und zeigte zum Gattertor. „Verschwinde aus meinem Hühnerstall, und wage nicht, mich noch einmal anzusprechen. Du bist nicht der Fuchs, der mich holen kann. Du bist überhaupt kein Fuchs. Für mich bist du ein Knecht und sonst nichts!"
Jan verstand ihren Zorn nicht, er verstand nichts mehr, ließ den Kopf hängen, die Schultern sinken und schlurfte durch den Hühnerdreck davon.
Am nächsten Morgen nahm Jan eine Axt und ging zum Holzschuppen hinüber. Er schlug auf die Klötze ein, daß die Scheite nur so zur Seite flogen. An diesem Tag spaltete er den ganzen Vorrat für den Winterbrand!
Was bedeutet noch Leben, wenn die Hoffnungen zerstört sind? Was nutzen Fleiß und Sparsamkeit, wenn das geplante Glück wie eine Seifenblase zerplatzt ist?
In den folgenden Wochen verlor Jan alle Freude, alle Lust an der Arbeit und schleppte sich nur durch die Tage. Griet sah über ihn hinweg, wich ihm aus, und ihr Lachen, wenn einer der Verehrer auf

den Hof kam, gellte Jan in den Ohren und quälte ihn. Schließlich nahm er sein Erspartes, trug es in die Spelunken Kölns, trank und trank, bis sein Kummer für wenige Stunden ertrunken war.
Häufig blieb er auf dem Alter Markt stehen und hörte den Werbern zu. Sie schlugen die Trommel, sprachen von Kampf und Ruhm, vom lustigen Leben der Landsknechte. Eines Abends gab Jan seinen Namen an, malte das Kreuz auf die Pergamentrolle und verschrieb sich dem Krieg. Gleich am nächsten Tag verließ er den Kümpchenshof, verließ Köln und marschierte hinter den Fahnen her.

Die Jahre erstickten im Blut. Gierig fraß sich der Krieg durch die Länder, verschonte Köln, und nur die Nachrichten von Niederlage oder Sieg erreichten die Stadt. Immer häufiger wurde ein Name genannt: Jan von Werth, der Kölner Rittmeister, der Obrist, der Feldhauptmann! Und endlich ging es wie ein Lauffeuer durch die Straßen: „Jan von Werth, der Kölner Generalfeldmarschall, erringt einen Sieg nach dem anderen!"
„Aus dem Bauernknecht ist ein Held geworden, unser Kölner Held!" jubelten die Bürger und schmückten im Jahre 1637 die Straßen, um ihren Jan von Werth würdig zu empfangen.
Im Schatten des Severinstores saß eine Frau, aufrecht und still. Ihr blondes Haar war hochgesteckt. In ihrem Gesicht stand ein Lächeln, wie es nur die Hand des Alters aus den Farben vergangener Jugend malen kann. Griet hatte keinen Mann gefunden. Junker und feine Herren waren gekommen und hatten um die Hand der armen Magd angehalten. In ihren bunten, frohen Jahren hatte Griet mit ihnen gescherzt und das Werben genossen. Doch sie hatte sich nicht entscheiden wollen, denn stets fehlte ihr das Wichtigste. Auch später wollte sie mehr als nur Wohlstand und Ansehen. Griet wollte einen Mann lieben können, und solch einer war nie zu ihrem Herzen gekommen. So war sie allein geblieben, hatte ihre Stellung auf dem Kümpchenshof aufgegeben, von ihrem Ersparten einen Karren erworben und verkaufte nun Obst, Gemüse, Röstkastanien und Nüsse. Sie war mit ihrem bescheidenen Leben zufrieden geworden.
Auch heute, am Tag des großen Empfangs des Reitergenerals, war sie früh aufgestanden und hatte ihren Karren zum Severinstor geschoben. Sicher würde ihr dieser Jubeltag ein gutes Geschäft bringen.

Trompeten. Fanfarenstöße. Hochrufe. Die Bürger drängten sich vor dem Tor. Nicht mehr enden wollte der Jubel. Der Held war mit seinen Reitern eingetroffen! Die Pferde geschmückt, die Uniformen geputzt, so trabten die Siegreichen hinter ihrem General her. Aus der Höhe seines Ruhms grüßte Jan von Werth nach unten, nach rechts und nach links. Orden blitzten auf der breiten Feldherrenbrust. Mit einem Mal wurde sein Blick festgehalten. Unverwandt starrte er zu der schlanken Obstfrau hinüber, die neben dem Karren auf ihrem Hocker sitzen geblieben war. Der General gab den Befehl zu halten, sprang vom Pferd, befahl den anderen zu warten und schritt allein die wenigen Meter in den Torschatten. Wie ein Baum richtete er sich auf und schlug die Hacken seiner blanken Stiefel zusammen. „Jetzt bin ich General, Griet", sagte er leise.

„Ach Jan, ich bin froh, daß dich keine Kugel getroffen hat." Ihr Gesicht wurde ernst. „Damals hab ich dir weh getan, das tut mir leid, Jan. So leid."

„Bin drüber weg! Bin lange schon drüber weg, Griet." Der große General lachte versöhnlich und streckte seine Hand nach ihr aus. Geschmeidig erhob sich Griet, wich ihm aus und nahm zwei Äpfel von dem Karren. „Du bist jetzt als General genauso tüchtig, wie du damals als Knecht warst." Sie lächelte und legte ihm einen der Äpfel in die Hand.

„Ja, Griet!" rief er viel zu laut. „Wenn du's damals nur getan hättest!" Er schwieg bedeutungsvoll und biß in den Apfel. Herzlich lachte sie ihn an. „Ach Jan, und selbst, wenn ich's gewußt hätte!"

Wieder knallten die Stiefelhacken zusammen, wortlos schritt der General zu seinem Pferd.

„Hoch!" riefen die Bürger und folgten dem Triumphzug in die Stadt.

Ein Knecht, der Griet noch als Magd gekannt hatte, blieb kurz bei ihr stehen. „Das hast du nun davon, Griet. Das hast du nun von deinem Hochmut. Den armen Knecht hast du verschmäht, den General bekommst du nicht!"

Ehe sie etwas antworten konnte, rannte der Mann weiter. Sie blieb allein am Severinstor zurück und blickte nachdenklich hinter dem Festzug, hinter dem fröhlichen Tumult her. „Ich habe den Jan nie geliebt. Und wenn ich ihn doch genommen hätte, wer weiß, was aus ihm geworden wäre?"

Sie schüttelte den Kopf. Eine Frau aus Köln hat viele Fehler, aber ihr Herz weiß genau, was es will. „Manchmal", flüsterte Griet und biß herzhaft in ihren Apfel.

Freßklötsch

Unsere Stadt
ist doch keine Waffenkammer.

Seit dem Dreißigjährigen Krieg hatte das Kriegen kein Ende mehr gefunden, und die deutschen Länder waren ausgeblutet, ausgeraubt und verarmt. Die einst so mächtige Reichsstadt Köln lag da wie ein verwahrloster Straßenhund. Äußerlich erstickte sie an den haushohen Kothaufen, an den Jauchetümpeln und Abfällen, aus den Gerbergassen stieg der süßliche Verwesungsgeruch der abgeschabten Fleischreste auf, mischte sich mit den scheußlichen Gerüchen verfaulender Fische, Kohlköpfe und mit beißenden Lohdämpfen und stülpte sich über die Stadt als betäubende Gestankglocke. Die Häuser verfielen, aus den Mauern der einst so prachtvollen Kirchen wuchsen Moos und Gras.
Der Dom selbst glich einer vergessenen Bauruine. Über dem Stumpf des Südturms ragte ein alter Holzkrahn und reckte seinen Galgenarm. Er war zum Wahrzeichen der Kraftlosigkeit geworden. Seit mehr als 230 Jahren, schon seit dem Jahre 1560 standen kein Steinmetz, kein Zimmermann mehr auf dem Gerüst, und kein Dombaumeister spannte die Richtschnur oder senkte das Lotblei. Die Baustelle verrottete wie die ganze Stadt, deren Straßensteine mit einer schmierigen Dreckschicht überzogen waren. In Köln konnte ein Fremder weder gehen noch mit der Kutsche fahren, noch ungefährdet auf dem Pferd reiten.
In der Verwaltung setzte sich der üble Gestank, der auf den Straßen herrschte, fort. Die Männer des Rates träufelten etwas von dem wohlduftenden Kölnischen Wasser auf ihre Schnupftücher, tupften sich die Lippenbärte und preßten Steuern und Zölle, wo sie nur konnten, füllten ihre eigenen Taschen und dachten nur noch wenig an das Wohlergehen der Bürger.
Doch die einfachen Menschen lebten! Sie hatten sich eingerichtet und angepaßt. Sie schmuggelten Waren und Lebensmittel in die Stadt, schlugen der Verwaltung listige Schnippchen und übertölpel-

Cöllner

ten die Wachposten an den Toren. Niemand fühlte sich schlecht oder gar schuldig, wenn er die da oben um Stüber oder Taler betrog.
„Wir retten uns selbst!" Die Kölner lachten, auch wenn ihnen das Elend aus den Augen sprach. In den Spelunken, Weinstuben und Bierhäusern zechten sie, hinter verschlossenen Türen und auf den Hinterhöfen lebten sie - und hatten bis jetzt überlebt.
Bis jetzt! Denn von Westen her marschierten die Volksarmeen der Französischen Revolution, sie siegten wieder und drängten die Heere des Kaisers und seiner Verbündeten über den Rhein. Das linke Ufer des alten Flusses sollte die Grenze der ersten französischen Republik werden. Noch waren die Truppen der Freiwilligen nicht in Köln, doch das Lied ihrer Freiheit schallte laut über die Felder, von Aachen her.

Der 30. September 1794 brach an. Grau hing der Himmel über dem Freihafen der Stadt.
„Du kannst nicht zwei auf einmal tragen! Einen nach dem anderen! Verstanden?" Wutschnaubend stand der holländische Kapitän auf dem erhöhten Deck, hatte seine Tabakpfeife am Kopf gefaßt und fuhr mit dem leichtgeschwungenen langen Stiel kurze Striche durch die Luft, wie ein Dirigent, der seinem Tubabläser den Einsatz verbot. Die Ladung des Schiffes war fast gelöscht, die teuren Waren stapelten sich auf den flachen Karren am Ufer des Kölner Freihafens, nur zwei Türme goldfetter Käseräder mußten noch von Deck an Land gebracht werden. Bis auf diesen breitgebauten Kerl hatte der reiche Holländer die Hafenarbeiter bereits entlohnt. „Einen nach dem anderen! Und wehe, du läßt meinen Käse fallen!"
Arnold Klütsch wandte den mächtigen Kopf und blinzelte spöttisch zu dem rundlichen Holländer hinüber. „Das geht. Das geht schon."
Sein Körper war so unförmig, als hätte die Natur aus Tuba und Bläser einen Menschen gemacht. Seine Stimme klang hell, jugendlich und so unpassend zu seiner mächtigen Leibesfülle. Arnold schlang die Arme um drei der matt und goldgelb glänzenden Räder und hob sie an, als wären sie Weißbrote. „Vier schaffe ich auch!" Vergnügt zwinkerte er dem Kapitän zu und trug die köstliche Last über den Steg. Der Holländer vergaß den Mund zu schließen, erst als Arnold leicht tänzelnd an Deck zurückkehrte, die nächsten vier Käseräder packte, glaubte der Kapitän seinen Augen und sog an der kalt gewordenen Pfeife. „So einen gibt es in Rotterdam nicht. So einen Kerl gibt es nur in Köln."

Die holländischen Schiffseigentümer waren die Könige des Rheins, kein Kohlekahn aus dem Ruhrgebiet, kein englischer Handelssegler strahlte solchen Stolz, solchen Reichtum aus, wie die Handelsflotte aus Rotterdam. Der runde Bug der Schiffe glich den rundlichen Bäuchen der wohlhabenden Kapitäne.
Nach einer Stunde hatte Arnold die Käsetürme an Land geschafft. Gründlich wischte er mit dem Halstuch den Schweiß von Stirn und Stiernacken und wrang den nassen Lappen aus, bevor er ihn wieder umband.
Der Holländer verließ zufrieden lächelnd das Schiff und zog den Geldbeutel aus dem Gürtel. „Kerl, du kannst arbeiten!" Ehrliche Bewunderung lag in seiner Stimme. „Du packst an wie vier Männer. Dein Geld hast du dir schnell verdient."
Arnold befühlte seinen Bauch und schüttelte den Kopf. „Kein Geld, Herr." Liebevoll beäugte er die Käsetürme. „Eins möchte ich. So ein Rad, das würde mir genügen." Er fuhr mit der Zungenspitze langsam die Oberlippe entlang.
Der Kapitän zögerte nicht. „Guter Lohn für gute Arbeit. Nimm dir einen Käse." Schon griff Arnold zu und trug den Schatz wie ein Kind auf dem Arm.
„Das reicht für dich und deine Familie. Mindestens eine Woche!"
„Ich wohn allein, und ich eß auch allein." Arnold grinste und ging zielstrebig durch das Treiben des Freihafens auf das Neugassentor zu. Geduldig wartete er, bis der Zöllner ihm den Rücken zuwandte und das Wachhäuschen betrat. Arnold rannte los. Doch er war zu langsam. Mit einem Satz sprang der Wachposten heraus und versperrte ihm den Weg. Gewehr und Bajonett zeigten auf die Brust. „Hab ich dich! Der Käse wird verzollt, oder her mit ihm!"
Alle Muskelkraft reicht nicht aus, um einen Stich oder gar eine Kugel abzuhalten. Arnold zog die struppigen Brauen zusammen. „Du bekommst kein Geld und keinen Käse!" Doch seiner hellen Stimme gelang kein drohender Ton. Dennoch fuchtelte der junge Wachsoldat aus der Kölner Funkengarde ängstlich mit der Waffe vor dem Gesicht des gedrungenen Kolosses.
„Hab keine Angst, Funkenkerlchen. Ich tue dir nichts." Mit dem Finger schob Arnold die Bajonettklinge zur Seite und zog sich einige Meter auf das Gelände des Freihafens zurück. Er kletterte auf die Ladefläche eines Karrens, legte den Käse vor sich hin und strich mit seinen tellergroßen Händen liebevoll über das Goldgelb. Ruhig zog

er sein Messer aus der Seitentasche der Hose, schnitt das Rad an wie einen Kuchen, teilte es in vier Stücke und biß herzhaft in das erste Viertel.
Der Wachposten ließ ihn nicht aus den Augen. Arnold aß, er fraß nicht, er aß ohne Pause, kaute, schluckte und biß wieder in den Käse. Die Augen des Zöllners wurden größer, traten fast aus den Höhlen, während der Käse weniger und weniger wurde.
Packer, Jungen und Schiffer waren zusammengelaufen und standen schweigend um den Karren herum. Oben thronte Arnold und schob den Käse in sich hinein, wie ein Faß, das sich selbst mit Köstlichkeiten stopft. Als er das letzte Viertel zur weiten Mundöffnung führte, mußte sich der Wachposten abwenden. Die Gaffer aber verfolgten jeden Bissen, sahen, wie die Kaumuskeln machtvoll arbeiteten. Nach jedem Schlucken seufzte die Gemeinde im Chor und stellte sich den langen Weg des Käses bis in den prallen Bauch vor, der Biß-und-Schluck, nach Biß-und-Schluck weiter anschwoll.
Nur die harte Rindenhülle lag noch auf dem Karren wie ein Kokon, aus dem ein riesenhafter Schmetterling entschlüpft war.
„Freßklötsch", raunte die Menge ehrfürchtig. „Unser Freßklötsch."
Arnold rülpste nicht, er blies einmal leicht die Lippen, nahm das Halstuch, wischte die Schweißstraßen von seinem Gesicht, wrang das Tuch aus, band es wieder um und sprang mit einem kleinen Satz von dem Karren. Seinen Bauch trug er wie eine Kugel an dem Zöllner vorbei. „Ich sagte ja, du bekommst kein Geld und keinen Käse."
Der junge Wachposten schirmte seine Augen mit der Hand, bis Arnold Klütsch durch das Tor in der Neugasse verschwunden war.

Mit sich zufrieden suchte sich Arnold einen Weg zwischen den Abfallhaufen und Aschenbergen und stieg mit weitem Schritt über die Kloakenrinnen. Er wollte an der Domruine vorbei hinüber ins Eigelsteinviertel. Er wollte nach Hause, sich ausruhen und vielleicht am Abend noch etwas essen.
„He! Du!" Am weitgeöffneten Domportal schnippte ein hagerer Herr mit den Fingern. Arnold stockte. Sofort hatte er den Professor erkannt. Nur aus den Augenwinkeln blinzelte er kurz hinüber, versenkte seinen Hals in den Schultern und stapfte weiter. Wer nicht schreiben kann, soll sich vor den Gelehrten hüten! Das war seine Regel. Jedes Kind in Köln kannte den Rektor der Universität, diesen

sonderbaren Professor, der wie ein Trödler alten Kram sammelte und in sein großes Haus, gleich neben dem Domkloster, schleppte.
„Warte, Bursche!" Professor Wallraf hastete an den drei Planwagen vorbei, die neben dem Domportal standen. Hoch wippten die Schöße seines zerschlissenen Überrocks, und er stelzte wie ein schwarzer dünner Storch durch den Kot und Morast hinter dem breitgebauten Riesenfrosch her. „Willst du wohl warten!"
Arnold verlangsamte den Schritt ein wenig, und atemlos holte ihn der Professor ein, schnappte nach seinem Wamsärmel und keuchte: „Kein Engel geht an mir vorbei!"
„Was? Engel?" Arnold blieb stehen und blickte mißtrauisch zu der hageren Gestalt auf.
Die steingrauen Augen strahlten ihn an. „Ich meine, was ich sage! Nicht jeder Engel hat Flügel und hüpft im weißen Hemd von Wolke zu Wolke. Du bist doch der ...?" Professor Ferdinand Franz Wallraf unterbrach sich und fragte ernst: „Wie heißt du wirklich?"
„Johann Arnold Klütsch." Verlegen rieb er über den Rücken seiner breiten Nase. „Na ja, die in der Stadt rufen mich Freßklötsch. Weil ich, na ja, ich esse und trinke eben gern, auch viel, wenn ich viel bekomme. Und weil ich so bin, na ja, sie sagen Freßklötsch zu mir."
„Diesen Schandmäulern solltest du kräftig eins draufgeben. Jeder Mensch hat das Recht auf seinen christlichen Namen!" In den Augen des Professors blitzte heiliger Zorn, dann schüttelte er den Kopf. Hastig wandte er sich zu dem Portal um. Neben den Pferdegespannen warteten einige Domherren. Sie trugen Reisemäntel und liefen mit kurzen Schritten umeinander. „Komm mit, Arnold. Wir benötigen die Kräfte eines Erzengels."
Jedem, der ihn nicht verspottete, half Arnold gern, selbst wenn es ein Studierter war. Behend setzte sich der Koloß aus Fleisch und Muskeln in Bewegung, mit breitem und doch leichtem Gang schritt er neben dem hageren Professor her. „Wollen die Gäule nicht?" Entschlossen schob Arnold die Ärmel seiner Jacke zurück. „Keine Bange. Denen werd ich schon Beine machen."
„Es sind nicht die Pferde." Ferdinand Franz Wallraf hob die Hand und streckte den Zeigefinger lang. „Du sollst die Heiligen Drei Könige retten!"
„Die sind doch längst tot. Im Dom liegen sie, wo sie hingehören."
„Eben, eben. Damals im Jahre..." Heftig schnippte der Professor einige Male, blätterte so in seinem Gedächnis, dann hob er wieder

den Finger. „Damals im Jahre 1164 entführte Reinald von Dassel die Gebeine der Könige aus Mailand und brachte sie nach Köln. Und heute mußt du uns helfen, diesen unersetzbaren Schatz wieder aus Köln hinauszubringen."
Arnold blieb stehen. „Aber Professor! Ich schmuggel gern. Aber an unseren Heiligen versündige ich mich nicht!"
Wallraf versuchte ihn weiterzuschieben, vergeblich. „Junger Mann! Niemand in Köln liebt die geheiligten Schätze mehr als ich. Gerade deshalb müssen die Könige aus der Stadt verschwinden, noch bevor die Franzosen hier sind."
Arnold kniepte ein Auge zu und blinzelte mit dem anderen den Gelehrten von unten an. „Kein Witz?"
„Nein, guter Junge! Heute geht es um Köln!"
„Kein Geschäft?" Wie ein Verschwörer schnalzte Arnold mit der Zunge.
Empört hob der Professor die Hand zum Schlag.
Arnold schmunzelte und nickte zufrieden. „Ich glaub Ihnen."
Gemeinsam mit den Herren des Domkapitels betrat er den weiten Kirchenraum. Andächtig ließ er seine großen Hände über den edelsteinverzierten Schrein gleiten. „So möcht ich auch mal liegen. Nur breiter müßt der Sarg schon sein." Die Domherren zogen mißbilligend die Brauen hoch.
„Schon gut. Ist schon gut." Arnold schoß das Blut ins Gesicht, zornig packte er die Kopfseite, wuchtete den goldschweren Schrein an, sechs Domherren stürzten zum anderen Ende, faßten zu, stöhnten, doch die drei heiligen Könige blieben in der schrägen Lage. „Nur Mut." Arnold grinste. „Ihr müßt euch einigen, dann schafft ihr es."
Die Herren des Domkapitels blickten sich an, nickten würdig und gleichzeitig mit den Köpfen und zerrten das Fußende hoch. „Es geht doch! Nur Mut!" lobte Arnold und feixte. Die Adern in den Kirchengesichtern schwollen, die Knie schwankten, und so schleppten sie zitternd und keuchend den Sarkophag nach draußen, hievten ihn auf die Ladefläche des ersten Wagens, und endlich war auch das letzte bewegliche Stück des Domschatzes geborgen. Sofort wurde die Plane geschlossen. Ohne Arnold noch eines Blickes zu würdigen, stiegen die feinen Herren auf, und der Troß setzte sich in Bewegung.
„In Arnsberg sind die Gebeine der Heiligen vorläufig sicher!" Er-

leichtert seufzte Professor Wallraf auf. „Gerade hast du geholfen, das Herzstück unserer Vaterstadt zu retten."
Arnold hob die Hand, wollte dem Gelehrten freundlich auf die Schultern schlagen, besann sich rechtzeitig und kratzte in seinem wilden Haarschopf. „Mach ich gern. Hab ich gern gemacht." Doch dann schlug er die Faust gegen seinen Hinterkopf. „Professor? Sie haben es mir versprochen: Kein Geschäft! Wenn mich jemand reinlegt, werde ich böse." Wieder gelang es seiner Stimme nicht, gefährlich zu klingen.
Wallraf blickte ihn zornig an. „Still, junger Mann! Mir war es nie so ernst wie heute. Die nächsten Tage werden das Leben verändern. Gott weiß, was aus unserer Vaterstadt wird. Doch was du heute getan hast, werde ich dir nie vergessen. Wenn du jemals Hilfe benötigst, dann komm getrost zu mir." Der Professor nickte kurz und eilte davon.
Nachdenklich sah ihm Arnold nach. Er lächelte über den wunderlichen Stelzschritt des Gelehrten. „Wenn ich nur schreiben könnte! Den Professor könnt ich schon mögen." Er löste den Knoten des Halstuches, betastete seine Stirn, fand keine Schweißperle und band das Tuch wieder fest. „Heilige sind ja auch keine Käseräder." Laut klatschte er die riesigen Hände zusammen, wartete, bis das Echo im Innern des Chorraums antwortete und stapfte zum Eigelsteinviertel. Er wollte ausruhen und ganz sicher heute abend noch etwas essen.

Die Sonne beschien den 6. Oktober 1794. Das Ende und der Anfang! Vor den Toren Kölns sang die Revolution. In der Stadt waren sich Bürger und Patrizier einig, sie wollten an ihrem Grundsatz festhalten, dem Satz, der durch so viele Jahrhunderte den Krieg ferngehalten hatte. „Wir kämpfen nur, wenn es gar nicht anders geht!" Sie hatten ihren Ausweg gefunden. Hastig zogen die Männer des Rates ihre stattlichsten Gewänder an und trugen gemeinsam die Stadtschlüssel durch das Hahnentor.
„Köln gehört euch!" Sie überreichten dem französischen General Championnet die Schlüssel, legten alle Rechte ihrer Reichsstadt ab, verzichteten auf die Freiheit, die ihre Urväter damals bei der Schlacht vor Worringen so bitter erkämpft hatten.
Schon seit der Mittagsstunde drängten sich die Bürger um das Hahnentor. Wie eine Festung stand Arnold Klütsch breitbeinig am

Straßenrand, er wollte sich die neuen Herren genau ansehen. Vorsorglich hatte er zum Frühstück einen ganzen Braten verspeist und als Wegzehrung noch zwei Brotlaibe in die Taschen seiner weiten Jacke gesteckt. „Man weiß ja nie."
Gegen zwei Uhr erreichten die Truppen das Tor. „Hoch!" riefen die Bürger. Gemächlich schwenkte Arnold sein Halstuch auf und ab. Noch einmal: „Hoch!" Dann erstarb den Kölnern der Jubel in den Kehlen.
Keine Schuhe, keine Strümpfe, zerrissene Röcke, verbogene Gewehre, verrostete Säbel, Wollmützen, Pickelhauben, verdreckte Gesichter, in denen die Gier des Siegers leuchtete, so drängten die Scharen der Revolution in die Stadt.
Arnold vergaß die Hand sinken zu lassen, und das Halstuch hing wie ein nasses Trauerfähnchen an seiner mächtigen Pranke. „Die wollen alle in Köln satt werden", flüsterte er und strich tief in Gedanken über seinen Bauch. „Wenn das nur gut geht." Abrupt wandte er sich um, teilte mit dem Bug seines Leibes die Menge und hastete in eine schmale Gasse. Hier im Halbdunkel nahm er die Brote aus der Tasche und verschlang sie nacheinander. „Sicher ist sicher." Er tätschelte die wieder gefüllte Wölbung.

Freiheit. Gleichheit. Brüderlichkeit. Welch ein Versprechen! Die französischen Besatzungstruppen nahmen sich in Köln alles, was sie zu ihrer Freiheit benötigten. Gleichheit? Sie schlossen Universität, Schulen und Kirchen, nummerierten die Gebäude, gleichgültig, ob es Hütten oder Paläste waren. An die Domruine schrieben sie 2582 1/2, so ging es weiter, 4711, 4712! Sie raubten, plünderten oder versteigerten die Habe der Stadt, dem Bruder Bürger überließen sie nur den ärmlichen Rest. Köln lag in Frankreich, war irgendein unbedeutender Ort der neuen Republik geworden.

„So geht das nicht." Arnold Klütsch verließ sein kleines Haus am Eigelstein und schmetterte die Tür hinter sich zu. Am Abend war er hungrig zu Bett gegangen und noch hungriger am Morgen aufgewacht. Um seinen Körper zu ernähren, brauchte es mehr, als nur Brot und ein Stückchen Wurst! Mit Wucht trat er gegen einen Holzkübel, der im Wege lag, die Stücke wirbelten über die Gasse. „Die Franzosen gehören nicht nach Köln!" schimpfte er hell, seine jugendliche Stimme war in den vergangenen Jahren nicht gewachsen.

Arnold hatte Hunger, es war nicht nur die wühlende Lust nach Braten oder duftendem Kohl, jeder französische Satz fraß in ihm wie ein Parasit und höhlte Wort für Wort seine Lebensfreude aus.
Ruhelos war Arnold durch den französischen Alltag seiner geliebten Stadt gewandert. In der Abenddämmerung blieb er beim Kölnischen Hof in der Trankgasse stehen. Ein französischer Trupp lud neue Geschütze von einem Wagentroß ab, lange Eisenrohre, Gestelle und Räder. „Unser Köln ist doch keine Waffenkammer", schimpfte Arnold vor sich hin.
Ein junger Soldat hatte den zu breitgebauten, untersetzten Bürger entdeckt, griemelnd stieß er seinen Kameraden an, der kicherte, zeigte den anderen das fleischgewordene Monstrum. Zuerst formten sie mit den Händen die ungeheuerliche Leibesfülle nach, lachten, erzählten sich in hämischer Freude, brüllten ihr Gelächter und schlugen sich auf die Schenkel, stellten sich breit hin, bliesen die Backen auf und prusteten. Mehr und mehr Finger zeigten auf Arnold, als wollten sie ihm die Kleider vom Leib fingern.
Er hatte versucht, den Spott zu ertragen, sich selbst zu beruhigen, die Kerle mit seinem Blick zum Schweigen zu bringen. Vergeblich, in Strömen floß ihm der Schweiß über das Gesicht, sich zu beherrschen verschlang mehr Kraft, als ihm der Hunger gelassen hatte. Arnold schritt auf die breitgerissenen Lachfratzen zu. Aus der Sicherheit ihrer gemeinsamen Stärke schrien die jungen Soldaten, und die Tränen des Spotts glänzten in ihren Augen.
Arnold hatte die Geschützrohre erreicht. Ruhig wählte er, bückte sich und nahm das längste Eisenrohr mit beiden Händen auf, klemmte es unter die rechte Armhöhle, legte es mit dem Hauptgewicht über den rechten Unterarm, unterfaßte die Mitte mit der linken Hand, so blieb er stehen. Ein Ritter.
Die Franzosen hatten ihr Lachen verschluckt. Schweigen. Stille. Arnold sog die Luft in seine Brust, in ihm begann das Brüllen eines verwundeten Stieres, doch seiner Stimme gelang nur das Krähen eines wütenden Hahns. Er stürmte los, nicht auf die Soldaten zu, nicht die Trankgasse hinunter, Arnold stürmte geradeaus! Er war Ritter und Pferd. Der eiserne Feuerschlund zielte auf die Eichentür des Kölnischen Hofs, mit einem Knall zersplitterte das Holz, Arnold stürmte weiter, unaufhaltsam, krähte und stampfte durch den Flur, die Damen und Herren retteten sich vor dem Ungetüm mit Sprüngen in die Nieschen, Arnold stürmte. Hinter ihm heulten die

Verfolger, behinderten sich gegenseitig, stolperten, fielen, heulten lauter und rappelten sich vom Boden hoch. Arnold stürmte, alles in ihm wollte geradeaus. Das Rohr zielte auf den Porzellanschrank am Ende des Flurs. Der Ritter krähte, der Schrank zerbarst, das verletzte Herz trieb die zornige Kraft und stieß das Rohr weiter, brach eine Bresche in die Wand, durch die Arnold fuhr wie der Leibhaftige. Auf der Gasse schwenkte er ab und rannte. Seine Verfolger hüpften durch das Mauerloch, suchten und hasteten ihm nach. Immer noch hielt Arnold das Geschütz wie eine Lanze gepackt und flüchtete aus dem Licht der Straßenlaternen in die düstere Gegend um den Dom, erreichte den Fuß des Südturms, stellte das Kanonenrohr aufrecht vor sich hin und wartete still. Die Franzosen tobten lärmend an der Domruine vorbei und zogen den Lärm in die Schmierstraße.

Sein Hunger war verschwunden! Eine Welle stieg in Arnold auf, überschwemmte sein Herz, stieg, pulste rauschend in seinem Kopf, so voll, so wärmend, jeder Winkel füllte sich bis zum Überfluß, die Tränen drängten aus seinen Augen. „So geht es", flüsterte er und lachte in sein Weinen. Er hatte mit dem Kampf, mit seiner Revolution gegen die Franzosen begonnen und den ersten Sieg errungen.

Spät in der Nacht klopfte er an der Tür des großen Hauses, gleich neben dem Domkloster. Er hatte Licht gesehen, Professor Wallraf war noch nicht zu Bett gegangen. „Wer da?" fragte er schroff durch die verschlossene Tür.

„Ich, der Freßklötsch."

„Wer?"

„Ich, der Johann Arnold Klütsch."

Der Riegel wurde zur Seite geschoben. Mißtrauisch leuchtete der Professor mit der Kerze dem späten Besucher ins Gesicht. „Dich kenn ich. Du bist doch mein Erzengel", schmunzelte er. „Komm nur herein."

Arnold blieb stehen, wischte seine Hände an der Jacke ab. „Ich hab Ihnen, na ja, Sie sammeln doch so alten Kram, und da dachte ich ..." Arnold brach ab, griff neben sich und stellte das Geschützrohr vor den Professor hin. „Das hab ich Ihnen mitgebracht."

Es dauerte eine Weile, bis Professor Wallraf die Kanonengeschichte begriffen hatte. „Wir müssen es den Franzosen zeigen!" Er lachte und schnippte mit den Fingern.

Behutsam schob Arnold den eisernen Feuerschlund durch die Tür.

„Leg es dort hin." Der Professor zeigte in den langen Küchengang. „Es ist zwar kein altes Kunstwerk und doch ein wertvoller Schatz für meine Sammlung. Gib acht. Leg es vorsichtig ab."
Noch zweimal mußte Arnold ihm die Geschichte erzählen, und nach jedem Mal lachte der Professor lauter.

Wie ein Feuerrad lief die Geschichte durch Köln, glänzte in den Augen der Bürger, und am Mittag wurde der Kanonenheld von zehn Soldaten verhaftet und in das Gerichtsgebäude gebracht.
Gleichmütig hockte Arnold auf der Anklagebank. Bis zum letzten Platz war der Saal gefüllt. Aus den Augenwinkeln entdeckte er den Professor, der sein Gesicht mit der Hand halb verdeckt hielt.
Die Geschworenen saßen in Reihe, vor dem Richtertisch lag ein riesiges Geschützrohr, ebenso groß, ebenso glänzend und neu wie das Rohr, das Arnold als Lanze benutzt hatte.
Der französische Major und Richter eröffnete die Verhandlung. Kleinmütig und weinerlich erkannten die jungen Soldaten in Arnold den Übeltäter, den Kanonendieb. Bald schon zogen sich die Geschworenen zurück und kehrten nach kurzer Zeit wieder. Der Sprecher flüsterte mit dem Richter, erklärte, zeigte auf die Kanone, auf den Angeklagten und hob hilflos die Hände.
„Im Namen der Republik! Der Angeklagte wird freigesprochen!" verkündete der Richter mit gepreßter Stimme.
Fahrig nestelte Arnold sein Tuch los, rieb sich Stirn und Nacken, wrang den Schweiß aus dem Tuch und schlang es wieder um seinen Hals.
Der Richter verlangte energisch nach Ruhe, und nur langsam legte sich der Tumult im Saal, die Empörung der Soldaten, die Freude der Bürger.
„Das Gericht ist der Ansicht, daß kein Mann, auch nicht ein Mensch von der unwirklichen Statur des Angeklagten imstande ist, ein französisches Geschützrohr von mehr als 1000 Pfund allein hochzuheben. Ferner mit dieser Beute durch eine Eichentür, durch eine Hauswand hindurchzurennen und den republikanischen Verfolgern zu entkommen, ja sogar den Wettlauf mit den glorreichen Soldaten der Revolution zu gewinnen! Wir sind im Namen der Republik der Auffassung, daß nur der Teufel selbst dies vollbringen konnte und sein satanisches Spiel mit der Republik getrieben hat. Es lebe die Republik!"

Der Saal schwieg. Langsam hob Arnold die Hand. „Gilt das? Bin ich frei? Na ja, auf Ehre und so?"
In freiheitlicher Empörung starrte der Richter ihn an. „Ich habe im Namen der Republik gerichtet. Das Urteil ist unumstößlich."
Arnold stand ruhig auf. „Danke." Gemächlich schritt er bis vor den Richtertisch, bückte sich, griff das Geschützrohr mit beiden Händen, hob es auf und klemmte es unter seinen rechten Arm. „Es lebe die Revolution", sagte er mit heller Stimme und schritt ohne Hast bis zur Tür und wandte den Kopf. „Ich leg es zu den anderen vor dem Kölnischen Hof."
Im Saal blieb es still.
Noch bevor Arnold die Trankgasse erreicht hatte, hörte er hinter sich die Stimme des Professors. „Ich sagte dir ja: Nicht jeder Engel hat Flügel, weder Luzifer noch Gabriel."
Sie gingen nebeneinander her und schwiegen. Vor dem Kölnischen Hof ließ Arnold das Geschützrohr einfach fallen. „Wir müssen gegen die Franzosen an, Herr Professor", seufzte er. „Sonst werden wir sie nie mehr los."
Professor Ferdinand Franz Wallraf schnippte mit den Fingern. „Ohne Männer wie dich wäre Köln verloren. Komm, du kannst mir helfen, dann sind wir schon zwei. Bald werden wir mehr, und so retten wir unsere Stadt, bis die Franzosen wieder abziehen."

Heinzelmännchen

So dünn darf ein Mann nicht sein,
selbst ein Schneider nicht.

Als Luzifer samt seinem Gefolge aus dem Himmel verbannt wurde, als die Hölle stürzte, strampelten die Kleinsten der verstoßenen Schar verzweifelt mit den Beinen, ruderten mit den Armen, und weil sie leicht waren, verfingen sie sich in den Wipfeln der Bäume, im Gestrüpp des Almrausches, im Geäst der Uferweiden – so blieben die Zwerge an der Erde hängen und wurden keine Teufel. Sie krochen unter die Wurzeln mächtiger Bäume, schlüpften in jede Höhle, die sie fanden und errichteten dicht unter der Erdoberfläche das riesige Reich der Zwerge.
Fleißig waren sie und mehrten sich, bald lebten sie nicht mehr nur weitab und entlegen, sondern wohnten auch unter den Menschen – unter Brunnen, Ställen und Kellerböden.
Die höchste Lust empfanden die Zwerge, wenn sie arbeiten durften. Ja, sie liebten Ordnung, Fleiß und Strebsamkeit! Nur in ihrem eigenen Reich zu wirken und werkeln, genügte den Wichten schon bald nicht mehr. Eifrig setzten sie ihre roten Mützen auf, wurden unsichtbar und halfen den Menschen. Allerdings nur denen, die selbst fleißig und unermüdlich kochten, wuschen, nähten, backten, wursteten und sägten.
Wenn aber ein Zwergenvolk sich irrtümlich unter einer Stadt niedergelassen hatte, in der die Menschen gerade nur so viel arbeiten wollten, wie sie zum Leben benötigten, dann überfiel die Wichte eine furchtbare Langeweile! Sie gähnten und schnarchten und konnten mehr als hundert Jahre hintereinander schlafen.
Dieses Unglück hatte die Kölner Heinzelmännchen getroffen. Unter den Kellerböden der Häuser lagen sie in einem beängstigenden Tiefschlaf. Alle hundert Jahre überprüfte der Zwergenkönig die Arbeitslust der Bürger und kehrte enttäuscht in die Wohnhöhlen zurück. „Das sind Zustände!“ Er schüttelte sich und setzte die rote Mütze mit dem goldenen Kronenrand ab. „Diese fröhliche Ge-

mütlichkeit ist einfach erschreckend! Die Kölner hämmern, sägen, klopfen, waschen, backen, wursten und nähen zwar, aber ihnen fehlt der Ernst. Sie leben in einem liederlichen Durcheinander. Sie sind eben ..." Bekümmert glättete der kleine König seinen gepflegten Bart. „Sie sind kölnisch. Ihnen fehlt einfach dieses heilige Etwas, das die Arbeit zum höchsten Glück macht."
Also langweilten sich die Heinzelmännchen in ihren Nestern weiter, deckten sich mit den sorgfältig gesteppten Flaumdecken zu und schliefen tief in das nächste Jahrhundert hinein.

Oben in der Stadt waren die Franzosen am 6. Oktober 1794 durch das Hahnentor einmarschiert und mußten durch dasselbe Tor am 14. Januar 1814 wieder abziehen. Wie ein geplatzter Ballon schrumpfte das aufgeblähte französische Weltreich in die Grenzen von 1792 zurück. Erleichtert säuberten die Kölner ihre Stadt von allen Hoheitszeichen der Franzosen und jubelten den Befreiern zu. Nicht lange! Schon beim Anblick der streng gestrafften Perückenzöpfe blieb den Bürgern die Freude wie ein vertrocknetes Stück Brot im Halse stecken. Die Preußen übernahmen die Stadt und erschreckten die Kölner. Nicht nur, weil sie Protestanten waren, nein, diese Haarspalter waren ordentlich, so eng im Herzen und so pingelig, sie waren Beamte, zogen gerade Linien auf dem Papier und planten, das Kölner Leben zwischen die Buchstaben der Verordnungen zu klemmen.
Weder Zwerge noch Federfuchser wußten, daß gerade dieses scheinbare Durcheinander der Nährtopf war, aus dem die Bürger der Stadt immer schon ihre Kraft geschöpft und überlebt hatten. Jetzt aber hieß es: Sparsam! Fleißig! Strebsam!

Zwei preußische Wichtel stiegen in die Kölner Zwergenhöhlen hinab, das Erdweiblein Ordnungsliebe und der Erdgeist Gewerbefleiß. Die eine schlug die Trommel, der andere blies die Pfeife, bis alle Heinzelmännchen aus ihrem Schlaf erwacht waren.
„Es gibt Arbeit!" riefen die Besucher. „Die Preußen sind da!"
Die Heinzelmännchen juchzten ihren hochberühmten Verwandten zu, gluckstén und hüpften aus den Nestern. Preußisch arbeiten, preußisch leben und preußisch denken, welch eine emsige Zukunft, welch ein glatter, schlichter Topf! „Und wir helfen den Kölnern, ihn mit süßer Arbeit zu füllen!"

Ungeduldig warteten die Wichte, bis der Nachtwächter die zehnte Stunde geblasen hatte. Sie stülpten ihre Mützen über, huschten aus den Kellerlöchern und wieselten die Treppen und Stiegen hinauf.
Dem Metzger zerteilten sie die Schweinehälften, dem Bäcker mengten sie den Teig, dem Zimmermann sägten sie die Balken. Stand der Metzger auf, so mußte er wursten, der Bäcker mußte backen, der Zimmermann mußte die Balken fügen, und am Abend fielen die Meister müde ins Bett. „Die Arbeit ist getan. Morgen ruhen wir aus", seufzten sie und schliefen ein.
Doch in der Nacht trappelten die Heinzelmännchen aus den Kellern, spuckten in die Hände und bereiteten schon den nächsten Auftrag vor, legten hin, schnitten zu, und sobald der neue Tag begann, mußten die Bürger in Köln weiter schuften, denn die Preußen verlangten, daß keine angefangene Arbeit liegenblieb. Das wäre nicht preußisch, behaupteten sie.
So ging es Tag für Tag, Nacht für Nacht. Die Geschäfte erblühten, doch Gesellen und Meister verloren mehr und mehr von ihrer kölnischen Leichtigkeit. Schlachtfeste und Richtfeste mußten ausfallen, schlimmer noch, dem Blauen Montag, diesem segensreichen Ruhetag nach dem Wochenende, selbst ihm konnten die Handwerker nicht mehr frönen.
Jetzt liebten die Heinzelmännchen die fleißigen Bürger und überschütteten sie mit ihrer Gunst. Verborgen unter den roten Mützen halfen sie, wo sie nur konnten und wurden nicht müde zu helfen. Die Wichte merkten gar nicht, daß die Kölner immer freudloser wurden. Kaum jemand in der Stadt hatte noch Zeit, über einen Witz zu lachen oder sich an der Straßenecke mit einem bißchen Tratsch und Klatsch zu erholen.
Aus dem Kreis der Handwerker hatten sich die Zwerge einen zum Liebling erkoren, den jungen Schneidermeister Heinrich. Nicht nur sein Fleiß trieb die Wichte in helle Begeisterung. Es war vor allem sein Name, der es den Kleinen angetan hatte. Aus Heinrich wird Heinz, und das bedeutet Heinzeln! Oh, wie überhäuften sie den Schneider mit ihrer Zuneigung! Sie schnitten die Tuche zu, wachsten den Zwirn, fädelten ein, steppten die Knopflöcher und legten die Falten.
„Hosen, Röcke, Mieder", murmelte Heinrich, sank erschöpft auf sein Bett und legte den Kopf in das Kissen. Voller Sorge beugte sich seine Frau über ihn, nur mühsam hielt der Schneider die Augen

offen. „Bald Gretchen, bald hab ich so viele Hosen, Röcke und Mieder in meiner Werkstatt, daß ich sie hintereinander hängen muß." Er seufzte schwer. „Bald können sich die Leute ihre Kleider bei mir von der Stange kaufen." Heinrich fielen die Lider zu, und nach dem nächsten Atemzug war der Geplagte fest eingeschlafen.
Bekümmert betrachtete Frau Margaretha ihren Gemahl von Kopf bis Fuß, das eingefallene Gesicht, die spindeligen Arme, die mageren Beine. „So dünn darf ein Mann nicht sein, selbst ein Schneider nicht!" Was sollte nur aus ihrem geliebten Heinrich noch werden? Sie legte sich neben ihn. „Ich will keinen Strich als Ehemann!"
Unten in der Werkstatt begann wieder das allnächtliche Trappeln, Schnippeln und Rascheln. Ratlos stopfte Margaretha die Zipfel des Kopfkissens in beide Ohren. „Wenn die guten Kobolde nur langsamer werkelten, mehr kölnisch!" Ihre Gedanken malten eine düstere Zukunft, zeigten schließlich ihren Mann nur noch als dürres Fädchen! Die Frau des Schneiders setzte sich auf. „Diese preußische Kur hält mein Heinrich nicht mehr lange durch."
Entschlossen nahm Margaretha die Kerzenleuchte und ging zur Tür. Sie mußte ihren Mann retten, sie wollte mit den Heinzelmännchen ein ernstes Wort reden. „Hallo! Ihr da unten!" rief sie die Stiege hinunter. Sofort war es mausstill im Haus, niemand antwortete.
Doch kaum war Margaretha in die Schlafkammer zurückgekehrt, als unten das Trappeln, Schnippeln und Rascheln munter weiterging.
„Ich muß die Wichte sehen und mit ihnen sprechen." Dieser Gedanke ließ die Frau des Schneiders nicht mehr los. Am nächsten Abend schrieb sie einen Zettel „Bei der Meisterin melden!", und nach kurzem Nachdenken fügte sie noch „Bitte!" hinzu. Sie wartete, bis ihr Heinrich ermattet eingeschlafen war und stieg in den Keller. Sorgfältig streute sie Asche auf jede Stufe, den Flur entlang, um die Wichte gleich aufmerksam zu machen und legte die Nachricht gut sichtbar vor die Tür der Werkstatt.
Die ganze Nacht hindurch hörte sie das gewohnte Trappeln, Schnippeln und Rascheln, vergeblich wachte Margaretha auf der Schwelle der Schlafkammer. Die Heinzelmännchen meldeten sich nicht!
Sofort nach dem Läuten der Morgenglocke eilte sie zur Werkstatt. In winzige Schnipsel zerrissen lag ihre Nachricht verstreut am Boden

vor der Tür. „Das ist frech!" schimpfte sie. „So fleißig ihr auch seid, aber so geht man nicht mit einer Kölner Meisterin um!" Erbittert folgte sie den Spuren in der Asche bis in den Keller, und Stufe für Stufe wurden ihre Augen größer. Sie fand Tritte von Platsch- und Gänsefüßen, von Ziegenfüßen und sogar von Kinderfüßen, denen der große Zeh fehlte! „Wie mögen die Kerlchen nur aussehen, wenn sie schon so merkwürdige Füße haben?" Für einen kurzen Moment stieg Mitleid in Margaretha auf. „Vielleicht verbergen sich die Zwerge vor mir, nur weil sie sich schämen?"

Mit Macht kehrte die Sorge um ihren Heinrich zurück, der Zorn über das unhöfliche Benehmen und auch ein wenig Neugierde halfen nach, Margarethas Entschluß stand fest. „Ob ihr wollt oder nicht. Ich muß euch zur Vernunft bringen!"

Wie schon so oft, war Heinrich auch an diesem Abend zu erschöpft, um ein Stück Brot zu essen, noch nicht einmal die Fleischsuppe, die ihm Margaretha liebevoll bereitet hatte, konnte er auslöffeln. Übermüdet taumelte er in die Schlafkammer, fiel auf sein Bett und schlief.

Margaretha zörgerte nicht länger und streute harte, gelbe Erbsen auf die Stufen der Kellertreppe, hockte sich oben auf die Stiege, stellte die Lampe griffbereit neben sich und wartete.

Kaum hatte der Nachtwächter die zehnte Stunde geblasen, als tief unten im Haus leises Trapsen zu hören war.

Margaretha richtete sich auf.

Geschäftiges Trappeln die Treppe herauf. Poltern! Spitze Schreie, Stolpern, Stürzen, Fallen, Kugeln, und dann stieg nur noch wehes Wimmern, Ächzen und Stöhnen aus dem Keller auf. Schon hatte Margaretha die Lampe gefaßt und hastete hinunter, stieß die Kellertür auf und hob das Licht. „Heilige Mutter, steh mir bei!" Auf dem harten Boden lag ein zappelnder Haufen nackter Menschlein. Wunde Knie, Nasenbluten, Beulen an den Köpfen, die Wichte schluchzten, versuchten sich aus dem Kreuz und Quer zu befreien, endlich, sie rappelten sich hoch, wackelten und hinkten herum auf verwachsenen Füßchen, nach und nach fand jeder seine rote Mütze, stülpte sie über und war verschwunden.

Alle wurden unsichtbar, bis auf einen. Der stand da, hielt seine Mütze mit dem goldenen Kronenrand in der Hand, trug den kugeligen Bauch mit königlicher Würde und blickte die Frau des Schneiders aus großen Augen voller Vorwurf an. „Warum?" Er humpelte

bis zur untersten Stufe. „Wir haben für euch gehämmert, gesägt, geklopft, gewaschen, gebacken, gewurstet und genäht." Die Lippen zitterten, sein altes Gesicht runzelte sich in unzählige Kummerfalten. „Wir haben immer unser Bestes getan. War euch das nicht genug?" Zwei große Tränen quollen und tropften auf den harten Kellerboden.
Margaretha öffnete den Mund, doch die Stimme versagte ihr. Würdevoll hob der Zwergenkönig die Kronenmütze, setzte sie mit beiden Händen auf den großen Kopf und war nicht mehr zu sehen. „Wir wandern aus!" hörte Margaretha noch, dann war es still in dem Keller.
„Ich wollte euch doch nicht weh tun, wollte doch nur ein paar Worte reden!" stammelte sie, doch niemand antwortete ihr.

Am nächsten Tag berichtete der Nachtwächter aufgeregt, er habe um die zwölfte Stunde am Rheinufer Musik gehört. „So Geklimper und Trommeln und Pfeifen!" Aber gesehen hätte er die Musikanten nicht. „Als wenn sie auf einem Schiff gespielt hätten!" Auch den Kahn habe er in der Dunkelheit nicht ausmachen können. „Und immer leiser ist die Musik geworden", schloß der Nachtwächter, und einige Marktfrauen meinten, er habe wohl zu tief in den Bierkrug geguckt und lauter Rauschengel gehört.
Die Heinzelmännchen kehrten nicht zurück! Keinem Metzger, Bäcker, Zimmermann, keinem Kölner Meister bereiteten sie je wieder heimlich die Arbeit für den nächsten Tag vor, kein Schneider hörte sie je wieder nachts in seiner Werkstatt trappeln, schnippeln und rascheln. Die ach so fleißigen und strebsamen Vorbilder hatten Köln für immer den Rücken gekehrt, und bald schon kehrte die kölnische Art zu arbeiten in die Werkstätten zurück.
Entrüstet rangen die preußischen Federfuchser die Hände über ihren Beamtenköpfen, beinah wäre es ihnen gelungen, auch die Bürger Kölns in den engsitzenden Preußenkittel zu zwängen! Doch die Kölner ließen sich nicht in Reih und Glied auf eine Linie setzen. Sie arbeiteten, feierten alle Feste, wie sie fielen und räkelten sich in den wohlverdienten Blauen Montag.
Wer kann der Frau des Schneiders wirklich böse sein?

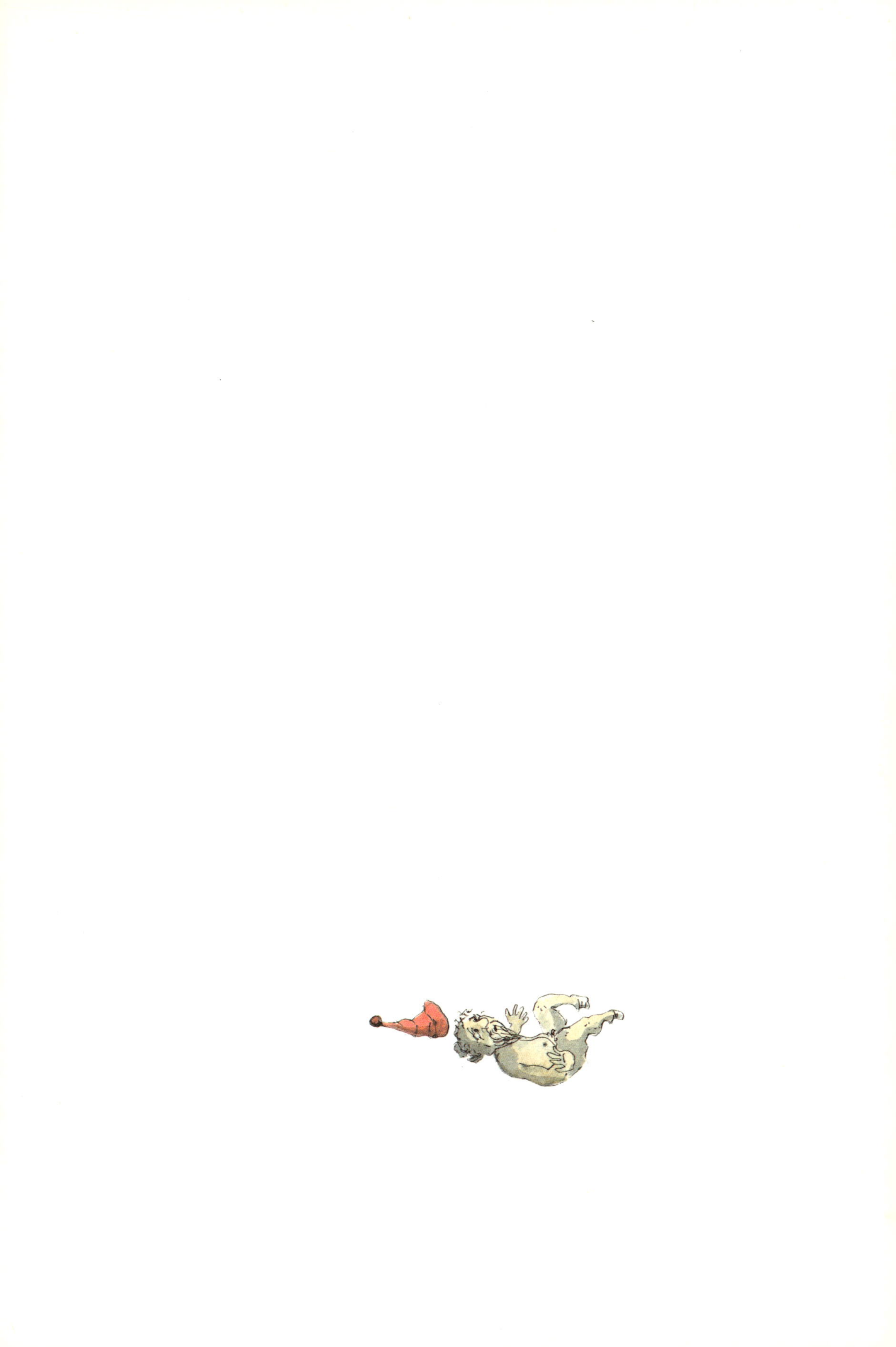

Menschen, die lachen können, sind niemals häßlich

Geschichten bilden sich um wahre Kerne, ranken sich um nüchterne Zusammenhänge und erfüllen Wünsche. Sagen und Legenden erinnern, erklären, locken und verführen, sie sind wortgewordene Zuneigung. Ich habe die Kindheit meiner „Angebeteten" durch das historische Vergrößerungsglas betrachtet, habe sie begleitet durch viele Jahrhunderte und sowohl das Nackte, Häßliche, wie den Stolz und die Würde gefunden. Nein, ich bin kein Romeo geworden und doch ein Schwärmer. So durfte ich zwischen Fragezeichen und Rufzeichen den Spiegel aufstellen. Die Bilder, die ich sah, schrieb ich nieder.

„Menschen, die lachen können, sind niemals häßlich!" Damit stärkte Marcus Agrippa das Selbstbewußtsein der Ubier, und die Menschen der kleinen Siedlung übten das Lachen bis spät in die Nacht. War es so? Ich habe die innere Wahrheit der äußeren vorgezogen, wollte mich nicht mit der nüchternen Feststellung zufriedengeben, daß der römische Feldherr den Ubiern ihren Platz am linken Ufer des Rheins zugewiesen hat.

Trieb der Kahn mit dem Leichnam des Maternus wirklich den Rhein hinauf und landete am Ufer des heutigen Rodenkirchen? Sicher nicht! Wir verdanken dem Mut und der Beharrlichkeit der ersten Missionare die Verbreitung des Christentums. Bewundernd stehen wir vor dem Opferwillen dieser Männer. Vielleicht hat es zwei Bischöfe mit dem Namen Maternus gegeben. Den einen finden wir um das Jahr 313 in der Geschichtsschreibung. Unser Maternus aber hat früher gelebt und sorgte tatkräftig für die ersten Gemeinden.

Wie war es mit dem Erbauer des alten Doms? Historisch genau müßte ich fragen: Wie war es mit dem Bischof, der den uralten Dom abreißen und den alten Dom errichten ließ? Hildebold begegnete Karl dem Großen nicht erst in der moosgedeckten Kapelle vor dem Königswald. Lange bevor er mit dem Amt des Erzbischofs betraut wurde, war Hildebold schon Ratgeber und Freund des großen Karl.

Das Handeln beider Männer wurde durch ihre Nähe zu den einfachen Menschen bestimmt. Gibt es ein schöneres Bild, diesen Hildebold zu einem schlichten Priester des ärmlichen Hüttendorfs zu machen, der den Mut besaß, selbst Karl dem Großen zu widersprechen?
Auch wenn die steinernen Menschenfratzen, die Grinköpfe, an den Frontseiten der Kaufmanns- und Patrizierhäuser nur dazu dienten, den Hebebalken der Flaschenzüge zu verankern, mit dem Lasten in die oberen Etagen und Speicher gehievt wurden. Wer will es den Bürgern verdenken, daß sie ihren Neid auf die Wohlhabenden und Mächtigen der Stadt in eine Geschichte kleideten? So ließen sie Erzbischof Anno die habgierigen Reichen blenden. An jedem Haus eines ungerechten Schöffen mußte eine Fratze angebracht werden. „Gib acht, in diesem Haus wohnt ein Reicher!"
Ich will nicht weiter ausführen, welche nachweisbaren Tatsachen durch die Überlieferung zu neuen Bildern verinnerlicht wurden. Keine noch so genaue Geschichtsbetrachtung vermag das Fühlen und Denken der Menschen aus vergangenen Jahrhunderten so lebendig wiederzugeben, wie es in Sagen und Legenden möglich ist.
Mit mühevoller Kleinarbeit trug ich historische Fakten zusammen und konnte so jede Geschichte in ihre Zeit setzen, den Leser in meine historische Betrachtung einführen, um dann das Unglaubliche glaubhaft zu erzählen, und das Bild im Spiegel zu beschreiben.
Noch ein Trost: Die Gebeine der Heiligen Drei Könige sind schon im Jahre 1803 wieder nach Köln zurückgebracht worden. Sollten Sie es noch nicht bemerkt haben: Das Wahrzeichen ist weitergebaut worden! Im Oktober 1880 wurde der gewaltige Dom vollendet. Diese Tage um den feierlichen Festakt waren kölnisch und sicher so kölnisch, daß sie einer eigenen Erzählung wert sind.

Doch die Zeit nach 1848 gehört nicht mehr in dieses Buch. Gab es wirklich eine goldene Kaiserzeit? Gibt es irgend einen Krieg, der entschuldbar ist? Unsere jüngste Geschichte steht in grellem Licht vor uns, ich kann sie nicht in eine Sage kleiden. Nur, wenn ich nichts vergesse, gelingt es mir vielleicht, mit der Gegenwart umzugehen.

Tilman Röhrig

Lektorat
Peter Conrady

Redaktion
Kirsten Diederichs

Gestaltung Hermann Vogel
Herstellung Druck- + Verlagshaus Wienand

ISBN 3-87909-175-7